合衆圖書館叢書

上海圖書館 整理

李江州遺墨題跋
【清】王乃昭

朱參軍畫像題詞
【清】葉昌熾

餘冬璅録
【清】徐堅

咫舟話柄
【清】許兆熊

寒松閣題跋
【清】張鳴珂

上海科學技術文獻出版社

圖書在版編目（CIP）數據

李江州遺墨題跋·朱參軍畫像題詞·餘冬璅錄·鳧舟話柄·寒松閣題跋 /（清）王乃昭等著．—上海：上海科學技術文獻出版社，2016.7
（合衆圖書館叢書）
ISBN 978-7-5439-7021-2

Ⅰ．① 李…　Ⅱ．①王…　Ⅲ．①文獻—匯編—中國—民國　Ⅳ．① Z426

中國版本圖書館 CIP 數據核字 (2016) 第 083237 號

總 策 劃：梅雪林
責任編輯：孫　嘉　于學松
封面設計：何　暘

叢書名：合衆圖書館叢書
書　名：李江州遺墨題跋·朱參軍畫像題詞·餘冬璅錄·鳧舟話柄·寒松閣題跋
[清] 王乃昭　葉昌熾　徐　堅　許兆熊　張鳴珂　著
出版發行：上海科學技術文獻出版社
地　　址：上海市長樂路 746 號
郵政編碼：200040
經　　銷：全國新華書店
印　　刷：上海中華商務聯合印刷有限公司
開　　本：850×1168　1/32
印　　張：6.875
版　　次：2016 年 7 月第 1 版　2016 年 7 月第 1 次印刷
書　　號：ISBN 978-7-5439-7021-2
定　　價：58.00 圓
http://www.sstlp.com

《合衆圖書館叢書》重印前言

自宋以來，集群書匯于一編的叢書是我國保存文獻的一種重要形式，歷代刊刻的各種叢書既有利于典籍的傳播，也便于讀者的利用，向受學者的重視。二十世紀四十年代，在我國屈指可數的以圖書館命名編印出版的叢書中，《合衆圖書館叢書》是價值甚高的一套珍貴文獻。

一九三九年八月成立于上海的合衆圖書館是在日寇侵華、圖書文獻遭受被毁散失之際，爲了搶救和保護中華文化遺産，由葉景葵、張元濟等人發起創辦的私立圖書館。該館取『衆擎易舉』之意而命名『合衆』，所藏圖書多來自社會名家的捐贈。其中葉氏、張氏和蔣抑卮、李拔可、陳叔通、葉恭綽、胡樸安、顧頡剛、潘景鄭、周志輔、胡惠春、李玄伯等人將家藏文獻慷慨相贈，奉獻尤多。合衆圖書館在衆人的支持下，所藏文獻日益豐富，類型除圖書外，凡報紙、期刊、書畫、尺牘、碑帖、硃卷、照片、書版等均有收藏。該館在有限的經費範圍内以獨到的眼光不斷搜集入藏相關歷史文獻，成爲一座深受學者關注的以國學爲特色的專業圖書館。

中國藏書家具有將稀見文獻整理出版的優良傳統，不少藏書家同時也是優秀的出版家。作爲一家私立圖書館，合衆圖書館不僅繼承了傳統藏書家的文化精神，更以文化自覺的社會責任感，『志在使先賢未刊之稿，或刊而難得之作廣其流傳。』因此，顧廷龍先生在合衆圖書館開館之年起即籌備刊印《合衆圖書館叢書》。從一九四〇年二月發排第一種書至一九四八年間，陸續出版了第一集十四種，第二集一種，共十五種。第一集共收入以下圖書：

《恬養齋文鈔》四卷，清羅以智撰；補遺一卷，葉景葵輯。《吉雲居書畫録》二卷，清陳驥德撰；補遺一卷，顧廷龍輯。《潘氏三松堂書畫記》一卷，清潘志萬輯；補遺一卷，潘承弼輯。《吉雲居書畫續録》二卷，清陳驥德撰。《李江州遺墨題跋》一卷，清王乃昭輯。《朱參軍畫像題詞》一卷，清葉昌熾輯。《餘冬璅録》二卷，清徐堅撰。《舃舟話柄》一卷，清許兆熊撰。《寒松閣題跋》一卷，清張鳴珂撰。《閩中書畫録》十六卷首一卷，清黄錫蕃撰。《里堂家訓》二卷，清焦循撰。《論語孔注證僞》二卷，清丁晏撰。《東吳小稿》一卷，元王寔撰。《歸來草堂尺牘》一卷，清吳兆騫撰。

二集僅一種，一九四八年二月編印出版，爲《炳燭齋雜著》七卷，清江藩撰。內含《舟車聞見録》二卷續集一卷三集一卷、《端研記》一卷、《續南方草木狀》一卷、《廣州禽蟲述附鱗介述獸述》一卷。

《合衆圖書館叢書》具有如下特點：

一、所印圖書皆爲該館所藏稿本、抄本。其中稿本五種，其餘均爲抄本。此舉正體現了合衆圖書館重視收藏前人著述，關注珍稀稿本、抄本的館藏特徵，與合衆立館目標和叢書的編印宗旨相契合。顧廷龍在《創辦合衆圖書館緣起》中曾説明過該館『古今名賢之原稿尤所注重』的藏書原則，而合衆圖書館創辦人之一的葉景葵不僅收書重抄、校稿本，印書也首推稿抄本。他爲《合衆圖書館叢書》第一種書《恬養齋文鈔》題跋中寫道：『其餘篋衍稿本當竭綿力，陸續刊行，以傳布先哲精神于萬一。』

二、本叢書的編輯出版重視精選資料價值高、册數少的稿抄本，不選卷帙量多的圖書，而是量力而行，以經濟實用的小開本刊印，降低出版成本。編者對所收圖書每種均題跋文，精要地介紹所印圖書的作者、内容和價值。跋文出自葉景葵、張元濟、顧廷龍和潘景鄭的手筆，顧潘兩人撰寫數量最多。

三、叢書采用社會籌款、捐資代印的方法印刷出版。由于合衆圖書館經費拮據，所編叢書的印刷經費主要來自于熱愛中華文化、熱心鄉邦文獻的有識之士資助。顧廷龍曾言：『顧非一館之藏之力所克勝任，緣商同志謀集腋成裘之舉，所選著述以捐資者之意趣爲指歸，各彰所好，各闡所宗。』如李英年捐資印行《吉雲居書畫録》《潘氏三松堂書畫記》；禮髟龕主人捐資出版《吉雲居書畫續録》《李江州遺墨題跋》《朱參軍畫像題詞》《餘冬璅録》《鳧舟話柄》《寒松閣題跋》；李氏拜石軒助印《閩中書畫録》；袁鶴松、潘炳臣、冷榮泉、楊季鹿四人合作資助《里堂家訓》；陳文洪贊助《論語孔注證僞》《東吴小稿》《歸來草堂尺牘》。《合衆圖書館叢書》的推出是中國圖書館出版史上利用社會資源集資出版的成功案例。

四、叢書的編輯整理凝聚了合衆圖書館創辦人的艱辛勞動與心血，葉景葵、張元濟、顧廷龍、潘景鄭直接參與了圖書的整理與出版過程。他們除了撰寫跋文外，還對所出圖書做了校閲、輯録、補遺、繕寫。如葉景葵在整理稿本《怡養齋文鈔》時，另訪得集外文輯爲補遺一卷附後；顧廷龍也參閲他書，爲《吉雲居書畫録》校閲補缺。他還爲了節約經費，親自手寫藥水紙直接上石印書。在他們的主持下，確保了圖書的出版質量。

《合衆圖書館叢書》運籌于合衆圖書館創立之時，出版于時局動蕩、經費窘迫的圖書館早期發展階段。這部叢書歷時八年衹出版了十五種，未能實現初期的願望，顯然是一個未完成的出版計劃。這是由于抗戰勝利後，社會經濟凋敝，物價飛漲，圖書館財力日絀，無法再續出版了。但這部小型叢書正體現了合衆前賢不畏艱難、千方百計致力于文化傳播的理想，以『衆擎易舉』的理念，不僅開創了現代圖書館文獻收藏得自衆人捐贈的奇迹，而且在圖書館文獻出版方面也開拓了民間集資捐印的成功實踐。特別是顧廷龍先生曾言：『編纂的目的，專事整理，不爲新作；專爲前賢形役，不爲個人張本。』這種無私敬業的精神，令我們圖書館後輩無限感佩。

如今，整理出版館藏珍稀文獻已成爲圖書館文獻再生性保護的重要工作，本館同仁效法前賢，近年陸續整理研究和影印出版了一大批館藏稿抄本，既有圖録型的《中國古籍稿抄校本圖録》《上海圖書館藏明清名家手稿》《上海圖書館藏稿本日記》《上海圖書館藏中國文化名人手稿》等著作，也有文獻型的《上海圖書館藏明代尺牘》八卷、《上海圖書館未刊古籍稿本》六十卷和《蔣維喬日記》稿本三十卷等多卷本的稿本圖書，爲揭示館藏、服務社會做出了不懈努力。在國家正在全力推進中華古籍保護計劃之際，重温圖書館前輩搶救珍稀典籍、傳播中華文化的業績與精神，深感傳承和保護祖國文化遺產是我們的偉大使命和光榮職責。因《合衆圖書館叢書》問世已久，流傳日稀，在上海科學技術文獻出版社的支持下，予以重印出版，以應學界之需。

黄顯功

二〇一五年十二月于上海圖書館

合衆圖書館叢書

六

李江州遺墨題跋

【清】王乃昭

李江州遺墨題跋

合衆圖書館叢書第五種

此書承禮髡龕主人捐
資印行中華民國卅二年
三月合衆圖書館志謝

潁水流寒盡日
東潁監廉白厲
貪風化行墨綬
蒲鞭外身立冰
壺秋月中吏静
竹聲鸞鳥雀官

梅影上簾櫳
虛齋歸載帷
琴鶴擬雲英
君識
兩宮
汝陰李鼎拜手

錄李江州遺墨卷

題跋

李江州遺墨　資政大夫兵部尚書孫原貞書

潁水流寒儘日東潁監廉白厲貪風化行墨綬蒲鞭外身在冰壺秋月中吏靜竹聲驚鳥雀官清梅影上簾櫳虛舟歸載惟琴鶴擬看英名徹

兩宮

汝陰李黼拜手

贈左丞忠文公李黼謚議

太常博士張翥譔

夫死生利害在人為甚重而不以少動其心若非偉然真見之士鮮弗能無惑也一有惑焉則汨于計慮之私而有遯蹟苟全者矣惟君子乃能安乎此由其義命素明諸中雖尋常造次之必是況于事君而可食焉以避其難哉若江西行省參政依前兼江州路總管李黼以進士魁天下以才良躋侍從以政事知要郡匪躬之節蹇蹇自將一旦暴賊起鄰境陷武昌省憲諸臣

竄死弗暇毒焰肆灼正當其衝守無完城救無簡師黼獨能開
倉庫募士兵以忠義激人心再戰再克威声甚張方將防禦上
游聑兵旁郡而賊鋒轉逼德戎先奔弃孤城以俱亡蹈壯節而
弗奪手劍罵賊力盡乃殞其英風景烈足以炳耀乎國史而砥
礪乎人臣矣夫殺身報國曰忠德美才秀曰文揆諸二法允稱
所褒請以忠文謚之

洪武乙亥春解逅於友人李嗣宗家弊紙中見此詩乃元李
江州守李公子威手書也予幼年嘗聞公守江州被妖寇攻
圍日久援兵不至力不能支城將陷有詩曰彌勒何神發禍
胎罷罷隨處起氛埃烟迷郡邑人民苦血滿江湖鬼物哀人
世百年遭此厄天戈萬里幾時來指生力盡徒為爾可惜都
成一炬灰至正間天下分崩士人常明善甲四榜狀元詩曰

四榜狀元同此日他年公論定難逃空令太守提三尺不見元
戎用六韜宗枱不如無善元公平爭似子威高世間碌〻偷生
者黄甲由來得俊髦當時輿論可見予尚記憶其詩今覩其墨
蹟有感于衷不忍毀棄持歸于家紙已朽爛缺第六句第二字
妄以清字補之便于讀誦遂裝池成卷錄歐陽圭齋所撰本傳
于卷首求

當代名公詩文以光其遺墨竊意公之事業具載元史辭不待
贅然讀其詩想其人庶幾存孤臣孽子心者觀此亦足有所興
起云　錢唐宋瀨敬書

右詩一首故元江州守汝陰李公子威所作而其手書也公與
余忠宣公闕俱死忠節名在史策而著於民之耳目以起夫人
之敬愛者故沒身餘三十年其遺書手蹟為人所艷慕如此所謂

殺身以成仁者與粹中嘗聞諸長老言子威為監察御史時上
書為吳開〻請辦朝臣劾之而子威亦以是擯于士論及江淮
兵起乃抗言于朝願得一殘破州郡守以自効繇是言之子威
豈非志士仁人也哉張巡真源令耳睢陽非其封守也許遠以
其能授之兵而下之卒與俱死睢陽其事與子威殊歟江州蓋
相類夫有民社之寄臨難而逃死者固亡異于犬彘不足以施
面目于天地之間至于盡力守職亦其分內事所當為者也巡
不往睢陽子威不去江州庸何傷而切〻為是者嗚呼此巡所
以為巡而子威所以為子威也元有天下九十三年非無文人
也而學士大夫工于言語文字不能如子威之見歎慕于人者
何可勝數然則子威雖亡而所以不亡者固在是矣錢唐朱徽
增乃出此紙請余為之書噫以徽之處窮隱約其識趨如是固冠

大裾垂紳而入橋門者當如之何哉欲勿書焉得而勿書并識
其後是歲洪武二十八年春三月乙卯會稽胡粹中書于杭郡
庠

儀部郎中兼翰林侍書朱廷暉令後姪蔣致叔將歸錢塘持二
卷徵予題識予展閱之其一則其祖自明為池陽郡掾時平反
銅陵許氏獄活三十二人陰德之事其一則其父子徽掇拾元
季死忠公江州守李子威手書所作之詩廷暉珍藏之皆裝潢
成卷當代名公鉅儒多為題識嗚呼陰德忠義有關于世大矣
行之於身者固難掇拾他人之手澤者非得其心之同然者不
能也為人子孫而能顯揚其父祖之功德使久而不泯者固亦
易事然世亦罕見今廷暉乃能拳拳于斯二事且使忠節之名
傳播于人人不獨可謂孝子慈孫又真可謂仁人君子矣用書

以为世道勸

禮部尚書毘陵胡濙書

元綱既解紐列土竪降旗負國真可鄙偷生竟何為嗟〻江州守烈〻英雄姿勢孤志不鋄力盡心無攜委身曾不卹視死真如歸勲名垂竹帛日月同光輝閔風足興起千載猶一時況兹覩遺墨儼然接容儀精忠凜毛髮悲風動寒威伊誰獨相感片紙不忍遺宝愛媲家訓貽謀得良規继志豈不重手澤矧在兹幸矣際全盛謀猷無所施勗哉事良臣尚友斯自期綱常著名義忠孝昭民彝永為來者勸視此其無隳

禮部郎中錢唐蔣君廷暉以其先君子所跋守江州李公甫遺墨一紙見示予得而觀之感嘆之餘為賦五言古詩一首如右嗚呼觀君父子之好尚如此可以見其為人矣因書以

歸焉

嘉議大夫禮部左侍郎會稽章敞書

忠臣孝子懷仁秉義不顧其身以衛乎君父世既揚其事載之史冊傳之無窮矣其片文隻字有流落人間者又爭彫而寶藏之蓋重其人因以及其蹟焉古今禮名文章何限而有傳不傳何也嘗亦不傳之故矣或紕砒其心或鶩犢其行故所著雖有長詢鉅冊遇之者卒未嘗手一披目一歡甚者詬訾之委擲之蓋賤其人以及其蹟也文以人而傳豈不然歟則夫世之用心于文而冀傳于遠也雖致敬其行可乎錢唐朱子徵得李忠文公黼出自作之詩什襲如拱璧既付其子輝寶護之尤謹間示余屬識其後敬為書此廬陵楊士奇

忠文大節傳千古公從閱孫世敷以家塾獨藏忠孝筆稜士誰

義鄰康多

潯陽江上題風塵城郭存亡共此身題墨舊詩興感慨都撕閑

尹草玄人

礼部郎中兼翰林侍書蔣廷暉所藏元李忠文詩其平生也

予觀之重有感焉夫人有以詩而名者詩有以人而傳者其

所重果何如哉忠文大節固不在乎詩也廷暉先君子以之

貽子孫厥有意哉因賦詩二絕以歸之

宣德六年龍集辛亥冬十二月朔旦

嘉議大夫太常卿兼 翰林學士

國史總裁楊溥識

詩者志之所形觀于詩可以知其人元貽隴西郡公李黼子威

秉節死義著于國史彰彰然不可尚矣今觀其所遺送友詩隹

五十六字而其偘然正大之氣溢于言表字畫蒼古飄逸如端人雅士使人歛衽起敬世人多尚奇辭麗語珍爲寶玩爭先競致而杭之朱子徵甫間于人家弊楮中得公遺墨如獲拱璧裝潢以示子孫子徵獨以心哉傳曰善不啻己出是之謂也厥子廷暉仕為郎中侍書持行甚嚴良有以哉　介菴黃淮識

右七言律詩一首元江州總管李黼子威之作且其所自書也子威守江州罵賊而死後之忠臣烈士聞其風者尚猶感激思奮況於得觀其手筆也哉詩之前有歐陽圭齋所撰本傳後乃有潞國張公謚議及吾杭郡文學胡粹中跋共為一卷禮部郎中兼翰林侍書蔣廷暉以求予題蓋子威之詩刻廷暉先人子澄所藏而親題識者也然則世之所以貴人臣之忠義而廷暉之所以重其親之手澤遺物者是皆分內事也因其請特書以嘉

美之云

宣德六年歲次辛亥冬十月甲午榮祿大夫少傅工部尚書兼
謹身殿大學士建安楊榮書

書李江州遺墨後

此元江州路總管李公子威所自書其詩錢唐朱厥子澂得而藏之今子澂之子暐裝池為卷以求予題蓋公守江州勢窮力盡慷慨就死其節義凜然真可與日月爭光霄壤相弊抑豈在於片紙隻字之間哉雖然目之所觸而思從之故凡觀公之遺墨者孰不慨然想慕公之英風義氣儼乎如生皆有以奮發而興起又豈在于言辭之工字畫之美哉暐字廷暉改姓蔣氏今為禮部郎中兼翰林侍書云

宣德六年辛亥冬十月戊午中順大夫詹事府少詹事兼

翰林侍讀學士廬陵曾啓書

李忠文守江州，適四郊多壘之日，以罷羸禦悍暴，莫不知其難。然忠義所激，唯知城存与存，城亡与亡，了不忍道。及至元戎鮮體，賊勢搶攘，城陷之易，罵賊而殞，其忠義之氣，殆与日月爭光，与金石同固。有志之士固將景依風于既往，矧遺墨尚存，如覿顏面者耶？若是詩者，忠文之手澤，錢唐儒者朱顯子徵得之流落間，遂敬護之，以遺其後人，可謂知所景仰者矣。子徵之子禮部郎中兼翰林侍書暉，又能并先人手澤，珍緹而什襲之，斯又可謂能敬承先志者也。夫不忘其先，孝也；極慕先烈，忠也。唯忠与孝，其臣子之所當盡焉者歟！忠文之詩，子徵之護，郎中之緹襲，于斯二者務盡之已，敬羨敬羨。

宣德八年歲集癸丑春二月戊戌，通議大夫行在工部右侍郎

前翰林侍　講兼脩
國史吉水羅汝敬書

李江州之精忠大節百世之士也其遺物之存者人固當寶而玩之况其詩乎此詩失所賦人名氏然觀其詩之意則其人亦賢与江州之心術光明正大皆可見矣錢唐來子澂得之愛若拱璧子澂真好德之士哉予自其子禮部郎中暉所得而觀之敬慕其人故題其後如此中順大夫詹事府少詹事兼翰林侍讀學士王直題時宣德六年十二月二十日也

元至正末余忠宣公闕守安慶李忠文公黼守江州皆以死節著二公歿身黄甲首冠多士卒能殺身成仁以不負所學其事偉矣余公有集行于世後人讀之而尊慕者衆獨李公之文章世不多見忽覩此于澤令人寶之如景星慶雲寶之若珊瑚云

樹豈直以其詞翰之可貴哉蓋以伯之甘棠也蔣君賢父子珎藏既久而又彰襮于館閣諸賢蓋將傳之子孫以忠義爲訓其視富豪之家捐千金購法書名畫以供玩好者志尚何如哉豈無所辨之者

宣德壬子蜡月初吉奉議大夫　衛府左長史三衢金寔識

予幼時誦先曾大父鰲溪先生哭李江州詩有曰哀哉李大夫勁草核秋霜宜府失顏色南斗無精光已慨想其爲人今復得拜觀江州手澤暨縉紳大夫題識之什益三復爲之興感焉嗚呼忠義人心所同也況公之大節爭輝日月窮天地而不泯者乎宜乎人無古今而皆景仰詠歎之不置也其手澤爲錢唐蔣氏家藏今禮部郎中廷暉出以示予敬再拜書此于卷末蔣氏之子孫尚寶愛之哉

翰林脩譔廬陵周叙識

李忠文公之臨難死節其氣赫赫若秋霜烈日天下後世仰之凜然尚有生氣觀公手書所詩語意字畫豪邁清勁類其為人於此可以想見公之風烈矣夫以公之孤忠大節使人景慕不忘如此況得觀其遺墨而不為之興起者乎錢唐朱子徽得之藏于家四十年其子廷暉為禮部郎中無倦書橐于京師得而觀之足以慰乎平昔慕公之私也因識其後廷暉尚寶藏之況子徽甫之所好與其手澤尚在也

宣德七年壬子夏四月朔

奉議大夫左春坊左庶子兼

翰林侍　讀周述識

頃過南康度廬阜至九江徘徊瞻望思昔李忠文公守此其死

也壯哉大丈夫其人不可得惟見其山之高江流之深林木之森蔚城郭祠宇隱隱如舊不亦可慨乎今觀廷暉郎中所藏公手書七言律詩一章詞語清麗筆法勁健而墨色猶新生氣凜凜在目尤有所慨歎而敬仰焉忠臣義士之遺跡使人感激如此哉廷暉之父子既有得此書極珍愛之自識其後以遺廷暉廷暉寶藏藏甚謹也宜矣　臨川王英題

禮部郎中兼翰林侍書錢塘蔣廷暉以其尊府所藏元李江州手書律詩一首示予且求予題予嘗讀江州傳觀其死節事忠義之氣凜然若生使人悲歎慨慕之不能已及今觀其辭翰神情風裁宛然在目使人追思仰望之不可及嗚呼當時受恩而忘義棄城而全生殆者不其少文章翰墨豈無存者能使見者敬愛之若此哉能使得者寶藏之若此哉益見廷暉父子之賢於此亦可知矣

翰林侍　讀學士李時勉書
右元江州路總管李公子威遺詩一首錢唐朱君子澂得之友
人李嗣宗家其子禮部郎中廷暉持以示予謹之公在至正間以
進士第一擢御史正色立朝謇謇有風采出守要郡攝羸卒
嬰孤城日與賊抗百戰以死何其烈哉夫君臣者人道之大端
忠義者人臣之大節彼策名委質以事人者宜其講之熟矣奈
何食人之祿一旦有急有苟生自恕之心無舍生取義之志使
有國家者不得恃以為安焉在其為人臣哉若公之奮不顧身
死于官守精忠大節蓋偉然也果何愧于君臣之義哉去今幾
百年士大夫相與論公死事人人而有矜色皆想慕其為人詩
章翰墨宜襲藏之唯謹也昔人云疾風知勁草板蕩識純臣觀
之于公詎不信夫三復此詩為之慨然一時

宣德七年歲次壬子夏五月丁丑翰林侍
讀學士奉訓大夫兼脩
國史廬陵錢習禮書
士君子讀聖人之書行聖人之道捷然立于用舍至有不幸為
臣而死忠為子而死孝者世不多有苟有其人而足以見天理
之在人心者不可奪若李忠文公其一人也公以穎人泰定中廷
試魁多士累歷朝職以江南寇興公出守江州郎以攻守策上行
省請兵屯江北不報公嘆曰吾不知死所矣寇至公身力戰敗
之寇益至又敗之寇益衆大至諸將守臣皆棄城遁公守孤城
城陷身巷戰力盡猶厲聲叱賊曰殺我無殺百姓乃与其子秉昭
俱罵賊死之所謂不幸為臣死忠為子死孝者公與秉昭焉於乎
烈矣乎誦公節義使人于三綱五常之道奮然而自重者公于

名勳曰勛也此詩乃作而手書者係唐朱子徵得而復之以遺其子廷暉廷暉益寶愛及求序于當代名公呼是足以見其父子之所景慕也

宣德七年六月望日翰林院國史檢討廬山陳繼識

甲科名譽壺山岳，死節精靈貫斗牛。元史猶存忠義傳，古今誰似李江州。

江州遺墨儼如新，鐵畫銀鈎自有神。本是英風能蓋世，久知零落在泥塵。

錢唐高士得珍藏，五色祥雲燁有光。更喜鳳毛傳世德，百年詞翰並流芳。　四明陳敬宗

錢唐朱顯子溫所藏也

于今八十余年子孙保之有子礼部郎中晖汲装潢成卷属余识之
李公清忠大节见诸史策流传于天下后世者如青天白日人皆
仰之不待论说而表表伟伟烈烈犹不死也独诵其诗读其谥议
哀其人之不幸而遭夫乱世又幸其死乃其所足以概夫平生
诗曰岁寒然后知松柏之后凋不其然乎后此六年有余忠宣
公阙者与韩建力守安庆死尤杰然江以安庆江淮襟要二公
死则江中不没可支矣余尝过谒二公之祠黄鹂碧草荒莽寂
然不胜凄怆子孙不藏金宝而藏此诗将不遗先志特表章之
皆可嘉也噫夫岂有所为而为之也亦惟忠义人心之所同然
志士仁人盖有不能忘情者矣谨识卷末以附骥尾云子孙本
姓蒋氏晖今复姓焉

余三十前过九江谒李公祠诗附录于后
以填隙空

孤城斗绝倚江御双剑喉高杀气去峥嵘青山屹峙帻射狼白

畫入黃堂當年只賴王孫去此日偏令過客傷寂寞荒祠蓬土海
一樽聊為酹耕觴王孙傳戲順王
宣德七年秋八月　古史官國子祭酒兼翰林侍講
太子賓客致仕豫章胡儼書

李江州之死忠事載元史天下所共慕也錢唐朱子徵甫邂逅
得其親之所作贈人之詩而寶愛之題識以藏于家其所慕可
知矣今子徵甫之子禮部郎中兼翰林院侍書廷暉又寶愛之
益至其所慕猶不可知邪古之人謂父母之所愛亦愛之況江
州有可慕之實邪況又有人之手澤邪傳之于家其不有觀感而
興起者邪間以觀予〻不能不為歆羡也
宣德七年九月辛巳翰林侍講學士奉訓大夫兼修
國史廬陵陳循書

昔司馬温公既死人爭購其象觀之而畫工遂有致富者何哉
蓋慕其爲人也元李忠文公既死錢唐朱子徵得其手書贈人
詩一首寶而藏之又豈在文字翰墨之間哉今其子廷暉乃於
并其死之手澤裝池成卷藏之益謹是蓋不獨有慕于忠文而
惓惓思死之念未嘗少忘也然則是卷之存爲廷暉之子若孫
者世世展而觀之則忠孝之道具在是矣
宣德八年春正月既望翰林侍
讀郡人苗衷謹識

右李江州遺墨一紙錢唐朱公子徵得之其子廷暉寶之而俾
予識之惟江州爲元名進士以經學魁天下歷官中外厥有聲
當元運告終乃能以忠義守鄱持日既久援兵不至力戰罵賊
而死不亦難矣哉今觀其詩詞音清韻華筆畫遒勁毅然臣君子

之風不可犯之色則其胸中所蘊為可見矣雖然江州之孤忠
高節固不在乎翰墨之傳而以子徵之珍藏什襲若明珠大璐所
以愛慕之不置者則夫人之賢亦可知矣嗚士有曠百世而相
感者其殆茲乎

翰林院侍　講淮南高穀謹

事有異世而足以感人之心者特存乎其人焉觀之朱君子徵
所藏李江州遺墨是已江州死節去今未遠赫然在人耳目莫
不知慕故子徵偶得其手書之詩寶而愛之既為貌綴張潞公
謚議段誌其後以藏于家豈非愛其人而兼屋上之烏乎廷畔
不惟藏而寶諸且徵當時學士大夫題跋之所以侈其先人手
澤而思貽後人者至矣雖然廷畔之心豈惟貽厥後人哉將使
覽之者思乎臣子之道亦且所興起感慕之矣嗚可以興可以

觀物詩云乎哉

宣德癸丑季秋朔旦奉訓大夫右春坊右諭德清江黎恬識

余嘗讀元史而至李忠文死節事未嘗不撫卷歎息以為剛勁豪傑挺然不可拔之士初未知其於文及觀禮部郎中錢塘翁先生所藏忠文律詩一首出其手筆詞意工緻楷法遒勁美然後知忠義之士皆由讀書出也昔韓文公作張中丞傳後序記張籍談于嵩言巡為文操紙筆立就未嘗起草巡之忠義人具(共)聞知知其讀書者少焉ゝ獨取於巡得韓文公之知忠文之死亦是而其文亦罔識向非此作未必不同一失二也巡之文僅出于嵩言忠文之文則據此可信惜予非韓不能發姑書此以俟云宣德十年春二月朔日監察御史張楷復

大凡君子有所撰述而可傳于後ゝ人仰其文章而永敬不忘

夫豈偶然哉蓋必道相合心相契乃其前言往行有所感發興
起故斯緣緣爾若元之隴西郡公李黼先以總管守江州秉節
死義忠誠已顯著于先代班班然而照耀史策矣別有詩一章
詞翰俱美今禮部郎中兼翰林侍書蔣氏廷暉父子深特寶
而藏之豈徒以其詩之工而字之善蓋子深平日亦以忠義存
心一旦見李公詩遂想其人風采嘉其忠節而喜其翰文故特
爲爲珍重不然又何愛慕之深耶嗟夫子深往矣廷暉後善繼
承先志裝潢成帙求
昭代聞人暨諸縉紳題跋大篇短章俾披卷玩讀者莫不奮然
感慕隴西公殺身成仁之德及厥父樂與人爲善之美又豈不
並垂于悠久歟
宣德九年歲次甲寅秋九月中澣

行在翰林院編脩建安楊壽夫識

元忠文公潁之李公子威嘗賦七言近體一首敬書于楮洪武乙亥錢唐朱君子陞於友人李嗣宗所得之之旧缺第六句第二二字君以清字補之君念公之忠節不忍棄置裝潢成卷指仲君子多召文詞以著歌美君之子礼部郎中廷祥間示予徵言曰觀會稽胡粹中所述謂公在朝時為吳閑閑請辯被劾不為時論所與曰戒徑吳郡自效心竊疑之自考元史公在泰定初廷試第一人入翰林為脩撰嘗代祀西嶽以王人序諸侯上折行省臣及為御史首言禴祠烝嘗古今大祭今太廟惟二祭非禮又謂成均教化之基不當隸集賢宜屬省臣兼領諸王分封世系戚疎無成書可考宜倣先代修正玉牒後遷宣文閣博士兼經筵官每以聖賢心法為上言之觀其所守之正所言之當如

然其皆為闡〻請辭卯後由秘書太監拜禮部侍郎奉旨詳定
中外封事後廷議中外官通用遂召江浙路總管之命其皆請
一郡自效耶不知擇中以得得此也若夫以高名大節天下後
世所共知當與張睢陽余闕為聯芳配美故其片紙隻字流落
人間得之者不啻如拱璧利比暢乎是宜廷暉父子寶愛珍藏
也時
宣德十年乙卯春正月既望嘉議大夫通政使司通政司華琳
陳璉書
孟子曰未有仁而遺其親者未有義而後其君者然仁之至則
孝義之盡為忠扶持世道防範天倫莫先于此考諸信史故夫
盡備忠文以其一人為百計承順則寧執心舒不可得則長號
自誓戮力戰守圖存君國及不能支則見危授命卽是以觀公

在當時諸公之間蓋蹈仁履義無憾者也文章之傳貴重於人由茲而已今閱此詩風韻清峻筆法遒勁愛賞彌日想見斯人方其在江州上攻守之策不行乃吾不知死所之歎豈非素志先定而後發于言者歟是卷錢唐朱君子徽手澤而藏之者其子廷暉孫龍允謹賢父子知所以景慕先哲如此蓋亦慕其風而肆于心者乎國子祭酒金華貝泰拜手書于卷末

忠文名節立山重史筆傳來信不虛揄墨猶為人愛惜九原可作復何如

君家父子慕忠賢片紙珍藏已百年亂後　當朝大手筆鼎公節義共流傳

儀曹郎中錢唐蔣先生廷暉持其先君子徽甫所藏元江州守李忠文公詩一首來眎索題伏覽

當朝鉅公屢出以發其義者已盈帙余何人復敢置詞于其間
然觀先生父子所以旌重此詩者豈直以翰墨哉蓋慕之
名節而不可見得見此詩如見之焉宜其慎重至于如此也
因賦二絶并書此以俟歲月云
正統元年正月初吉毘陵趙琬識 國子司業

右李忠文公遺墨一首錢唐朱氏家藏也予敬閱之因有所感
焉世之士文章酣誇言語工矣後來泯沒斷弃者何限此無他
德不足以配之也公以一介書生受民社之寄荷危急存亡之
秋乃能效死不去可謂殺身成仁者矣其德不媿故其言可傳
後來片楮流落人間而人知愛之豈非英風義氣足以悚動乎
人而秉彝好德亦人心之所同然者乎士君子名節一虧而徒
恃言辭翰墨以長存者觀此亦可以少警矣

正統三年夏六月臨川聶大年謹書

右虞山王懶髯先生廼昭手録元李江州詩翰卷真跡向藏吾郡顧氏過雲樓轉經鹽官徐氏烏程蔣氏而歸於余江州事略詳朱灝所録張蒿謚議並跋語中按朱灝明代傳記及錢塘縣志俱失載佚詩卷後明賢題詠凡二十九家有胡濙章敞楊士奇楊溥黄淮楊榮羅汝敬王直金寔周敘周述王英李時勉錢習禮陳繼陳敬宗胡儼陳循高穀聶大年二十八明史有傳餘則胡粹中苗衷張楷曾棨陳璉由顧艮庵先生取弇州續稿摘其大略載入所著過雲樓書畫記中尚有黎恬字潛輝清江人永樂壬辰進士累官至春坊諭德經筵講官負詩名有觀過齋稿趙琬字叔琰毘陵人永樂壬辰進士累官至國子監司業卒官並詳明焦竑獻徵録楊壽夫名松以字行建安人洪武辛巳郡守高巘薦授縣學訓導宣德朝官翰林院修撰正統中致仕卒於家貝泰字忠魯金華人少

以文行聞永樂初舉人累官至國子祭酒致仕歸卒復見明過庭訓分省人物攷據兹帙舊有孫原貞跋原貞明史亦有傳惜歸過雲樓時已佚今爲艮庵之孫西津丈手署矣嗚呼忠文孤忠勁節足以砥礪末俗激昂人心百世而下猶想見其人懶髯生當鼎革之際眷懷朱明以樂飢自號與金耿庵友契讀耿庵贈詩有樂飢有志詎可遷窮老彌堅屬高潔謂予斯世少完人冝共初終保清節試看嶺上歲寒松徹雪凌霜可交結蓋亦志節之士其翮羽所南之流亞歟手寫兹帙乃用意深遠非偶然也戊寅歲除

揆初丈貫得此帙同時江州墨跡適歸寒齋　揆丈命爲校勘校畢附誌藉存翰墨因緣時己卯冬日吳縣潘承厚

朱參軍畫像題詞

【清】葉昌熾

朱參軍畫像題詞

合衆圖書館叢書第六種

此書承禮髮龕主人捐
資印行中華民國卅二年
三月合衆圖書館志謝

朱參軍畫象題詞

元和吳郁生蔚若收藏真跡
長洲葉昌熾鞠裳傳錄副本

朱參軍家傳

魏禧曰嗚呼士生盛世鬱鬱不得志與處衰亂抱道懷貞老且死牖下其孰悲乎哉夫莫之禁而不爲欲爲而不得爲君子悲之然高尚其事抗志自悅雖憂天傷人狹隘迫蹙尚不至於斷脰絕吭其所處有裕如者孰與夫負材適當其時而無所自見乎哉陰崖之木雪霜以爲雨露堅強而不觸不生陽山春氣盎溢而華葉不滋悲孰甚焉吳門之隱君子曰金俊明余見之年七十一矣儼所謂抱道懷貞老且死牖下者非耶工書法窮不得食以書自食賦詩讀書何其蕭然樂耶俊明之父曰朱參軍余覽其行事悲焉參軍本姓金氏名允元七歲而孤母貧不

能自存有姊適朱氏屬養焉遂冒朱姓更名永昌云參軍嗜書通古今事為人有器量美鬚髯脩幹偉然嘗游四方所至攬其山川土俗與賢豪士遊性倜儻善計畫能為人緩急思欲有所用於世當是時朝廷重資格非制科無由進而制科亦輕他途士參軍既無聊乃入貲事吏部久之以勞授綏寧簿綏寧楚邊邑苗夷雜處民藉深林為屏障有巖商倚監司同里者取其材殆盡民無所庇愬之令令首鼠以屬簿參軍陳利害欲置之法持論侃侃不撓遂以左上官意投劾歸而參軍去後苗夷乃歲為邑患當事者惜之復補參寧夏衛幕寧古朔地也苦寒參軍顧樂之恆自佩刀與部曲飲酒歌出入塞上熟察士馬器械阨塞險阻思建功邊徼取封侯印天啟乙丑督府以互市遣參軍時方二月山深積雪及馬腹甫出疆感寒疾卒年纔四十有八參軍將暝無他言開目視左右曰謹藏吾佩刀俟明始為諸生

亦姓朱氏名袞後復姓更今名字孝章吳人偁曰孝章先生魏禧曰語曰不於其身其於子參軍負材不試俊明自廢放窮餓以老豈所謂天道者耶夫俊明莫之禁而爲之以求顯參軍亦烏能聲施若是哉悲夫

甯都魏禧拜譔

延陵吳嶠敬書

昌熾按是冊首葉畫象題庚辰中秋上浣通家子周廖拜摹後凡傳二首詠三首傳詠後有書後各一首詩贊輓詞若干首今爲分體編錄撰書人各題名於後或書撰出一手或繫郡望歲月稱謂悉依舊文庶展卷肅對如見真跡云

朱參軍傳

參軍名允元本姓金氏後更名永昌號衍禧族屬多隱陽山世業農譜系佚弗詳父雲湖與大父龍湖始用節俠聞參軍生七

歲失怙母鄧孺人困乏不自存有姊適朱托養焉遂冒朱姓朱翁固長者參軍終身父事之勿怠參軍雖以幼孤廢學然性嗜書博通古今美鬚髯弘偉有器量稍壯有事四方嘗客南都已之雒之燕所至攬其山川謠俗與其賢豪長者遊既綜衆藝後倜儻善計畫亟人之困不辭重繭以故身所居瓢倚重若季心劇孟焉有林君霽初者與參軍爲石交將之官東粵槖貧不任裝參軍力稱貸資之別時留衣物一笥曰吾與若一體篋中物弟視可用用之所貸子母當即郵寄已京城失火倉卒不及攜笥猶從殘燼中拾焦纈纖囊以俟而林竟染瘴卒參軍力貸償逋至傾產不悔被火後殖益落邑邑無聊乃入貲銓曹爲從事亡何以勞例授綏寧簿綏寧楚邊邑苗夷雜處藉深林爲屏障有嚴商倚監司同里者取其材殆盡數百年盤亘蕩然失勢民愬之令令首鼠推避以屬簿參軍痛陳利害侃侃持論不撓遂

以左上官意投劾歸鄉紳欽希思贈詩曰流言自昔知誰造造
命原來莫自持故里忠疑君不見吳門猶指伍公祠蓋一時公
論如是參軍雖以風塵起家持身廉寬嚴得體徼輸嘗先中額
領閒去後苗夷歲爲邑患當事者惜之復補參寧夏衛幕寧古
郡地苦寒參軍顧樂之居恒與部曲酒歌擊劍出入塞上熟察
士馬器械阨塞險阻思自效戎行慨然有肩鼻磨踰糜之志會
有互市差時方二月山深雪虐甫出疆感寒病卒及瞑目無他
言第囑謹藏佩刀無失此豈剌剌兒女手婉戀香奩者可望耶
概哉故友作令者招往寓衙齋經月歸囊甚重家人詬之發視
悉所贈奇書也嗚呼斯亦足以得其雅尚矣參軍生萬曆戊寅
卒天啟乙丑年僅四十有八論者惜其材未竟而平生所最屬
意者以乙少失儒業深望其子俊明致身樹立俊明亦以試事
滯吳未及親含斂終身茹恨泣血至隸子矜慟哭歸里門也而

三

又能曲體父志拮据閔勤撫兩幼弟俱長有室既畢葬以予粗知序述不苟譽墓也俾為傳

匏園氏曰史稱朱家大俠名重當世跡其行事又類醕謹務執操者參軍殆復類是噫出弗戒償金弗歎以勞死事績在疆陲嗚呼偉哉斯固立慬而篤者矣

潁川陳宗之撰

通家子章美書

朱參軍誄有序

嗚呼有明天啟乙丑朱參軍卒於時塗巷慘嗟景物鬱滯素旂哀戚于吉士黃鳥增逝于三良嗚呼按公本金姓初名允元後更名永昌別號衍禧世居吳郡秦餘山祖父業畊蠶以節概聞于鄉公少孤貧與其母鄧不自振鄧有姊適於朱公賴以存活遂姓焉公髫齡事詩書淹通自好器宇甚偉朱頗愛之一日歎

欷長歎振袂而起曰丈夫子不能矯首風雲立石天壤奈何徒
以口腹累人耶于是與客遊燕齊梁宋閒尚俠節重然諾四方
從游者衆率相勗也顧中年落拓坎壈不合篤義散財家益中
衰久羈京邑徉徉不自聊乃以貲入為天官尚書椽初除綏寧
主簿邑邊徼瀕危蠻夷襍糅固難治公以廉幹夫操事無艱巨
悉中款會吏人憚慕之恐後卒以抗直迕上官旨解印綬東歸
會一御史狀其能于朝堂吏部郎心憫之補公寧夏參軍公單
車趨官經太行踰崆峒華岐以北龍門積石升嵸阪之墟至雍
州之野當是時飫羊蘆酒出入羌莋上馬擊劍下馬露布感三
軍而懷敵人慨然有蕩平之思焉乃今壯夫之圖欲竭謀國之
智不終鞅掌王事致命疆埸能不悲夫公二子俊明庶明有隱
德以文藝著于江表與埃善遂為之誄曰猗與參軍秉懿潛德
允矣令聞實克明哲正直是從威儀不忒顧譽鄉曲靡遴華國

遺家不造罹憂煢煢藿蔾續命何若未嬰丈夫矢志區區營生
憤懣懷慚心焉不平遠浮淮徐溯于嵩洛雷掃風馳勤款興作
寧輸千金不失一諾梁陳之郊翕然共託公乃發義翺翔帝鄉
材技宣廣爲龍爲光薄羈從事殫心我皇屠鄙行潔祿卑氣揚
一命吏楚再命官秦抗志矯俗賤貞履屯玉關長入馬首生塵
効忠荒裔九死一身猗與夫子邦之哲人

佇石山人姜　垓撰

敬賢里人周茂藻書

書後

讀我友如須明製哀辭古音穆如義風烈烈想見參軍公擊筑
燕市鳴劍伊吾慷慨幽憤歌出塞入塞時也

莆陽後學佘　懷敬題於硯山草堂

書朱參軍傳後

夫人鮮不欲顯其親者顧其子賢其親或非焉雖孝子不能為之難即使其親賢矣其子亦賢而或不能文則親之遺徽猶未大章章也予賢矣文矣而又樂交天下之賢人文士亡慮上世瑰節琦行不忍泯沒即鄉里善人隱于耕釣有一言一行之可錄者其子必表而出之故人樂有孝子哉又未若樂有孝子而才子之至也予友金孝章之尊人衍禧先生幼孤且貧學書不卒乃賈於京師以義俠聞公卿間初主綏寧簿又參寧夏軍所至有善政其元配徐孺人從先生四方遊勤敏淑惠卒能相其夫若子有成蓋賢父賢母無疑矣然考其生平特純厚長者而多廉幹無大瑰異足炳烺耳目而孝章慨然以為此吾考妣也曷可令汲汲弗傳於是述其遺行洪纖必記以告於儕偶之賢而文者故袁君徵為之狀蔣君鑨為之志銘陳君宗之顧君夢游為之傳黃君淳耀潘君游龍杜君濬畢各為贊論誄詞以闡揚

之夫此數君子皆天下士也著書立言垂訓後世凡一經其稱道其人必因之以不朽況所為狀若志銘若傳贊弘雅精詳曲盡其妙則參軍暨孺人之名豈不昭揭日月哉吾於是益嘆孝章為不可及也蘇子曰言人之善必本其父兄師友厚之至也今孝章稱三吳才子而揆所繇來必曰吾先人之訓即諸子從孝章游欲稱孝章者必曰朱衍禧先生徐母之賢其猶有古之道也與一日潘鱗長示予此卷予觀衍禧先生暨徐母之行諸君子載已詳不具論論其子克承先德者如此嗚呼亦可以為法矣

桐山通家子方文爾止氏撰

雁門文柟書

參軍衍禧朱君誄

嗚呼予讀寧夏衍禧朱公狀為之廢書三歎悲其有志弗遂歟

掌道死因念大吏罔恤國事營私亂法所在而是馴至禍敗非
一朝夕之故矣楚地延袤數千里幅幀既廣凡吳越晉豫閩粵
滇蜀無所不輻輳而湖南衡湘以上往往猺獠雜居無復崇山
大江之限其地洞穴阻深林箐茂密即倜然逆執事之顏行勢
不可懸師致討時或闌入內地蹂躪郡邑則廟堂爲之旰食蓋
崚嶒羌髳抗禹師而勤舜舞非其天性亦習俗然也予嘗泝大
江泛洞庭入瀟湘指顧百粵土人尚能爲予言伏波銅柱之勳
武侯渡瀘之跡其地蓋多良材鉅木赤樟文柟豫章之千尋巴
城（巴城下原缺一葉瑣瑣姻婭以下是誄語）瑣瑣姻婭誕忘君親何物下吏敢效王
珣令乃公怒觸豸攖鱗公知不可虎口拔身敝屣一官智全厥
貞我說不用匪秦無人嫠不恤緯指天誓心再參秦軍覘辰夙
尚磨盾風生借箸氣壯慨慷龍泉志圖馬革數奇不封衰齡觸
瘴駪駪征人嗚呼屬纊智餘囊底肝膽誰向我聞疆埸職在用

六

人漢將張奐不受裘金威行絕域西羌用寧用人維何在昔漢廷大破資格開人功名大冠如其鮮衣如璘絜中玉表飾為偶形垢衣敝蒯互相引偁彼何人斯任安鄭平拔起卑濮蔚為漢臣從古如斯貴賤奚論公志不懥著在遺文我續雄箴敢告來令

通家眷晚生殷時衡頓首譔

通家子丘岳拜手書

朱公誄詞

維參軍之慷慨抱致身之偉略負氣介以軒軒美鬚髯而落落方弱齡之失志已千里之必擴辭子舍以孫騫望君門而雀躍感佩刀之陸離濫九死以踐諾楚執狎而不畏僨覿代而不愕嗟流俗之難回露肝膽以示藥假一官以報効嘆荒遐之屢託苗夷棲其簿書風霜零其劍槊國畢命之在茲任根盤而節錯

弔李廣之不侯悲嫖姚之難作胡馬入而縱橫玉關虛而蕭索
顧英雄之頓盡廿一死于邊幕洵友誼而臣忠宜秋嘗而春礿
欣吉人之有後惟令子之無祚排金門以為堂處天祿以為閣
稱曰君子之子是宜人爵之爵亮誄體之何常從文士以斟酌

辛巳季秋日黃岡通家子杜詒先謹并書

朱參軍像贊

獄歟參軍身無貴仕德茂神軀植髮如篳捋鬚如戟端嚴欽莊
弃繻投筆折腰束帶比古循良觸忤大吏歸去來兮蓴鱸之鄉
及參軍事賦詩橫槊馭豕冰霜玉關未入佩刀猶在效節巖疆
參軍有子名曰俊明字曰孝章器同黃憲才高魏野隱師翟湯
貞不絕俗僞不傷道後嗣其昌誰歟頌者祠彼黃石傳此青箱
我思古人孟嘉鮑照千載齊芳

建鄴余懷敬題

衍禧先生像贊

有大臣顯卭之度而吏隱甚卑有廉能卓犖之聲而投劾遄歸觀其巾袴飄颻鬚眉秀拔又似餐霞之仙客而御風之道流也所謂氣如白虹精神見于山川者其誰曰不倖迺胡爲壽未登五十忽焉怛化而僅存光彩于箕裘然而仲弓有紀及諶明允有軾及轍可無遺憾而況思其音容思其居處有此朝夕瞻對而豈非百年英爽之長留

離菴姚宗典拜手敬題

朱先生像贊

友人朱孝章之父衍禧先生篤行嗜古跡在仕隱之間余生晚未獲承杖屨拜觀遺像慨然有老成典刑之思斯贊之所繇作也贊曰

懿此前修淵乎似道非俠非儒天全浩浩蒼顏飄鬚不動如山

颯然真氣在林巒間

嵺水黃淳耀題

朱先生像贊

世疾貧吏尚適君易之以困窮生不褒死不封楚之陲郢之東或歌或泣思豐隆文螭竇鼎鐫玄宮道有遺碑百世風劍三尺書一卷神之馮在簡編名教寄風雅傳君有子肖其賢蓼莪廢讀聞僾然儼顏于思體氣僊美髯毵毵嚴几筵

桐菴鄭敷教敬題

參軍朱衍禧先生像贊

維先生之行誼兼儒俠而無名既浮沈乎吏隱歷夷險而不驚申椒桂兮耿介毓蘭蕙兮馥馨有子高蹈兮崇令德十年女貞兮能無忝於所生瞻遺像兮交後人信操履之貞絕兮將人爵其非榮

上海通家子袁龢敬題

衍禧金公畫像贊

嗚呼此爲衍禧金公之畫像盛德必昌知自公而始也我不幸而不獲識公猶幸而識公之子我不幸而不獲接公言笑于昔猶幸拜公遺象於此左倚長松琴石爲侶長鬚飄飄衣冠舉舉覩公衣冠吾顔有泚豈特吾顔將天下之賢人君子覩公而涕如雨也

長樂馮錡題

金衍禧先生像贊

金子孝沖過虞山攜其先參軍公像屬題顔充然鬚飄然意其仙仙乎林下散人也及訊孝沖愀然蹙容則又以吏隱歿於王事有足悲慕者敬系一言於諸君子之後贊曰

巖穴非隱金馬非仕行肉非生殉身非死卓哉懿節庶其古處

磐石幽幽松風颼颼維韓參軍騁此來游山河邈然高風可求

海虞孫永祚敬題

衍禧先生像贊

公生晚季壯志弗酬劍鳴天外書樓丹丘牛刀小試鵬路宜修日月未邁忍賦蜉蝣　遐方被德克允綏猷華夷載績協爾宣謀天山雪隕皇事靡摟造物不仁竟阻公侯　相公挾骨盍倜朱陳一面然諾終身靡湮斷金之誼無間風塵不負死友維植人倫　天奪公蚤遺後維振麟兮鳳兮伯仲攸彬外內聖善孫子陶甄拜公貽像肅爾心寅

通家子陸坦敬題

衍禧先伯像贊

猗嗟參軍實維吾宗飄零薄宦雲山萬重以先勤事祿不酬功奄忽歿代肅瞻遺容道風外秀令德內融所執何忱循覽靡窮

九

健兒武毅狐裘蒙戎長持佩刀善藏其鋒參軍往矣家聲日隆
丹穴雨鳳滄澥雙龍峻節彌勵以慰我公
華亭宗姪是瀛頓首拜述

衍禧先生像贊

大風起兮横八極英雄挾策兮壯心魄志在四海兮豈無遺一
枝自寄兮克昭職功滿燕然兮石未勒大鵬遠去兮長太息
丙申仲夏敬題　清河通家子張彥之譔

詩輓參軍衍禧金公一首并贊

王事歸途杳淒淒逆旅魂人隨雲去斷夢逐雪飛昏丁令鶴還
返相如草尚存英靈知不死贊亂卜長源

贊曰爾色蒼然爾度廓然持廉明以佐邑幕寧戛以孤騫多忠
赤之肝胆煩王事之紅纏宦難等於鮑昭壽未擬於彭籛痛征
塗之奄逝懷故都以遷延青青原上草泠泠地下泉有子萬事

無慽芳名片石可鐫其曾朱家之遺風而為國忘身之流亞歟

吳趨葛應典著

彭城劉錫章書

行禧朱先生像賛

噫維先生克柔克剛英風亮拔道宇澂昂揮金結客筮仕楚疆以直見放行歌沅湘起公參軍躋著西涼惠懷柔遠裕及氐羌忠勤死國大義彌彰家有公子沐蘭漱芳繪容遡德山高水長

雲間通家子何安世敬題

朱參軍像賛

友人袁重其持吳門金參軍遺像示余曰是孝章嚴父也余既不獲奉教於先生而得覩先生之遺容有厚幸焉善乎眉山蘇氏有言存之於目思之於心像亦不為無助是為拜而賛之辭曰

貌晉儒者胸藏甲兵提劍觀書慨懷紛紜格鬭平虜大風驅雲
壯志未酬死不忘君嗚呼家有鴻冥以無忝爾所生

華亭通家子王烈敬題

題朱參軍遺像

凝其神定其眸英雄未展志不休卓其躬遐其思古人不遠音
欲與傳手一編漆園之書抑武子之篇嗚呼自昔豪傑多湮滅
而不傳爾賴有後人之賢

文從簡題

又

不知其人視其世熹廟在御騎馬不制莫賤於宰衡而莫尊於
下吏天人交厄勿永於位國宜其有今日之殄瘁也

丙申夏五月爲孝章社兄敬題尊公符禧老先生遺像

華亭晚生吴騏拜手書

又

參軍彝致拔俗英雄心匪干祿湘波清泰樹綠友白猿佩青犢燕然銘泗水剧義陽不封土埋玉鑾羌繡絲遺老哭萬卷書貽五色鸞鳴呼虎頭傳神高山在目伊志靖西陲前有進賢之冠而節蹈東海后有隱居之服也耶　恭爲羣章社長題尊甫行禧先生遺像

葦城畢恂

又

嗚呼爲貧而仕者卒亦仕貧而死豈其車鐺生耳而不知止亦惟絜己狥公寧捐軀不貽人累嗚呼使三德六德盡若此則邦家之光而君子之樂只

梁溪華時亨敬題

滁陽顧　苓重書

又

公有長才而無貴仕釋褐未幾命參軍事渝賀蘭山七千餘里
檀車嘽嘽殲我良士謝艾云亡羌戎罷市家懸公像刲羊而祀
我亦拜公高山仰止　孝章天下士也其尊人衍禧先生歿于
統萬遠近痛之重其來吳門攜其遺像見示再拜而書數言

通家子王光承

又

吳下金孝章孝究抱偉才析節讀書聲稱藉甚而退潛其德若
將終焉非好與時睽蓋自其先志然也飲泉飯黍識所自來余
欣於獲見二賢之後敬附一言於冊
惟公有子公則不死公之子賢公教以傳父子之間忠孝備焉
片石何文雙松何鬱一俯仰間天地斯潤此生惟人與屋涉隔

古投金瀨宋之繩書

落落長松一琴一童緬維在昔丞實負公其靜以思者依然藍田聽壁之容孰知其志在伊吾以北扶桑之東當其投筆慷慨從戎長轡短馭責恨無終然則公之所坐者其即將軍之樹而謖然若可聽者迺日莫之悲風也耶

古眕徐時勉敬題

又

是廉吏耶冰霜之貌宜峭以癯是邊才耶風塵之色宜黑以枯胡盤桓長松大石間者體澤而神愉蓋其得乎天者全矣不在得喪勞逸之區區斯以異於戚戚貧賤汲汲富貴之徒

梁谿高世泰敬題

又

予與金子孝章聞聲相思者數年丁亥冬交其弟孝充潛然古道人也孝充出其先參軍公像屬題因得讀明進士蘊生

黄公所為贊乃再拜而識其後曰

惟參軍公之韻綺石孤松抱琴徜徉邈矣多風惟曑水先生之言天球弘璧平原遺墨見者歎息高山仰止斯圖有焉嗣厥音徽宜有家贊

溪上黄家舒

又

高風欽仰百代名杖策從軍功未成烏鵲飛明星燦匣中匕首驚河漢雄心未盡寧雌伏一生梗槩可以安微禄道難用志何傷寒歌發易水於邑哀中腸　孝章抱德真崇山千仞重淵百尺向蠋陳子鶴客以扇頭乞辭翰為斗弦郢匠今因重其得遂衍禧先生行義益深企仰敬勒數言以當附驥云

華亭通家子馮鐩

又

孝充兄至虞獲見衍禧先生遺像誄讚之美無可加矣兵興已來廢翰墨向千日豈能重以蕪穢膚其後哉聊述二十八字亦家兄之意也恨藴生不可作無由呈之也

千年歸鶴莫盤桓邊地風沙射骨酸遺像在圖終日看羨公身著古衣冠

二癡馮班拜藁

孝章金先生爲文人爲逸民爲人倫模楷今而知厥考衍公所詒也衍禧公抱經濟才以天末微員邊才自効而賫志以歿遇亦云窮矣乃得諸志節之士作傳誌誄贊爲之闡揚至今讀之高風亮節生氣猶存也百有餘年清門零落矣而金氏子孫能寶此遺冊豈止如挈瓶之智而已哉

乾隆己卯蜡月長洲後學沈德潛跋時年八十有七

一三

吾吳金孝章先生生當易代之際高風亮節爲士林矜式父朱參軍名允元後更名永昌號衍禧幼屬養朱氏遂冒朱姓參軍負材不試賫志以歿其姓名事蹟不播里乘余嘗惜之此其畫象題詞一卷蓋身後經孝章先生倩同時名流所作傳誌誄贊闡揚之業具茲片簡覽參軍之風義發思古之幽情撫卷流連令人神往原本藏吳蔚若内外伯祖處吳公下世斯卷未知存佚此蓋鄉先輩葉鞠裳先生手錄副本購藏有年亂後檢得亟爲重錄付諸墨版庶三百年志士軼聞補邑乘所未傳鄉賢懿行藉垂不朽亦後死之責也民國三十二年三月邑後學潘承弼謹跋

餘冬璅録

【清】徐　堅

餘冬璅録

合衆圖書館叢書第七種

此書承禮髡龕主人捐
資印行中華民國卅二年
四月合衆圖書館志謝

餘冬璅録卷上

天寒日晝閣筆拋書無所用心殊難消遣偶憶自幼經歷境遇宛如昨日而難於握管因口授嘉秩逐年排纂名曰餘冬璅録噫嘻一生閱歷既備且詳而一生心力亦可由此想見爲我後者一展覽間有能睪然而深思凜然而奮勉以求夫進德修業實有厚望焉

康熙五十一年壬辰十二月二十九日卯時余生名堅字孝先號友竹又號縋園先考受益府君先妣黃太孺人父母同庚生於康熙乙卯大兄生於戊寅名元度字容昭長余十五歲二兄生於丁亥名元貞字開成長余六歲家世清寒無資產父早攖家難伯父遠戍又渾祖父憂鬱而卒所遺破屋薄田盡歸烏有謀生無術棲身無所幸賴外祖韶節黃公祝外祖母徐太孺人憐念愛女招住潭西父奉祖母入山止於茶山之翠斛蓋黃氏

讀書地也屋三楹二翼廂屋三楹四無隣比惟竹木環繞境甚僻靜隱者之居固其宜也外祖方正古峭外祖母慈淑和惠遠近推重之有弟端木公棣精於岐黄兼善書董字能詩能琴聖祖南巡至鄧尉聖恩寺以薦隨駕入都侍直請前鄉里榮之後以不任趨走而卒遺孤紹南舅外祖撫之成立親舅七人長序南公次位南公自南公啟南公道南公鵬南公介南公内外親丁數十人秩秩如也

五十四年乙未余年四歲稍有知識前此祖母之亡不復記憶時父以筆耕爲業母與兩姊勤於針黹兼織席大兄樵蘇負販二兄習藝在郡斯時之艱難困苦雖能記憶而今不忍言也

五十五年丙申五歲母口授千家詩琅然成誦瓜涇徐伯吹先生名爔者外祖母之從姪也有墓在笠山因號笠樵老人每來掃墓必來黄氏及外祖父母相繼去世老人來弔告諸舅欲見

我母曰姑母雖亡見表姊如見姑母也母出見余侍母旁摩余頂而笑若甚愛余者

五十六年丁酉六歲從鄒師啟蒙師無錫人性方嚴諸徒皆受朴責而獨愛余師善艸篆刻印余侍坐其傍見師撫弄心若有羨向母乞得獅狃石二方求師篆刻師笑而受之置於簏不刻歲杪師將解館向師索石復笑而授余仍未刻也心甚怏怏

五十七年戊戌七歲仍從鄒師讀書蠶月時母以七舅未娶爲飼蠶於雪浪軒余亦隨之一日忽不肯入學母哄嚇再四弗聽也母怒闔户捨桑條痛撻呼號求免諸舅母羣來解勸而止夜遂發熱詰旦痘發於胸腹及四肢十數點衆皆危之迨至落痂而傷痕猶隱隱然鄒師見而憫之謂表兄君履曰五官聰慧今後勿如此母亦傳語以謝自此樂於趨學不敢偷怠矣

五十八年乙亥八歲仍從鄒師讀書父館棠梨樹橋虞氏中秋

解館歸夜月皎潔大兄沽白酒以進父飲微酣呼余曰汝但知山中光景而不知虎邱今夕之樂因言燈船簫鼓之盛繼又曰我有一對汝能對否曰畫船簫鼓山塘路余四顧無所見聞涼飈拂林明月弄影遂應聲曰明月清風處士家父喜而笑已而跌足曰咄咄時余不能解其意寧知為終身讖兆耶其後竺樵老人來山父舉以告老人曰他日必能詩但非功名中人耳

五十九年庚子九歲隨父學於虞氏

六十年辛丑十歲隨父館於紹南舅之自香草堂堂在梅花深處地甚清幽

六十一年壬寅十一歲父講授四書始讀書

雍正元年癸卯十二歲始讀禮

二年甲辰十三歲始讀古文婉轉合調探梅者佇立牆外以聽嘖嘖稱羨四年之間隨父往返如一日也

三年乙巳十四歲父移館於西磧黃氏之含輝堂亦隨父往返
四年丙午十五歲族兄鶴洲延父課子而不能供饍不得已就
其所居虎山街之旁賃屋以居族兄商英產也今爲子葵弟所
居時父已到館母猶在山余往來其間供執爨不能一志於學
秋間母亦出山此移歸光福之始也比屋而居者爲從祖省庵
翁名化銓號仲衡時爲族長見幼輩趨前必起立溫語恂恂然
長者也乃竟無子老而食貧不知何辜於天而至此將殁翁以
手錄金蘭集授余囑爲重刻叮嚀再四後於乾隆四年刻於邗
上不敢忘其表彰先澤之意序中詳述之
五年丁未十六歲聚徒於家終年所得不過數千文
六年戊申十七歲沈正修表舅薦一館於漫山顧氏山在太湖
中正月下旬赴館舟由銅坑出口一望天水相連風又不利扁
舟轉折於波濤中意興反覺廓然快然口占五律一首有長風

掀巨浪小艇戰狂瀾一聯見者咸曰此人他日必在風塵中馳驟也自後間喜爲詩時福綏大兄雲和五兄蘊斯六兄皆能詩因相唱和爲一編曰盟鷗詩草清明解館回毋以渡湖爲戒辭之余仍聚徒以伴讀冬間三舅來告竺樵老人有邀余肄業之意

七年乙酉十八歲正月三舅赴館於通貴橋王氏父赴館于虎邱吳氏送余至老人家其居在丁家巷湫隘處其寢處爲南箕室蓋以室形如箕也其子號仲容咸朴實敦厚不愧家風其孫六七歲是晚老人與余及其孫同榻而卧視余如親甥也明晨盥洗畢挈余往毛氏名世榮蓋其壻家也時毛以部郎出守南雄讀書處曰卓犖精廬老人至拂几布席整理筆硏而後開卷性喜茗手捧一壺時時小啜書不出聲神凝氣靜余侍坐其旁覺浮動跳弄之疾日漸消除矣毛氏之戚錢唐吳西林氏來吳

欲往鄧尉看梅老人命余陪遊西林學極淹貫而談詩尤精警見余詩稿吟咏不置舟中贈余七絶五首惜佚其稿猶記其一曰光福詩人徐孝先盟鷗佳句共流傳梅花千樹一樽酒月落參横何處眠魯鳩老樵東洲翁者名烜老人族叔也道貌岸然而性狷介無子隸酷似王太常篆刻學徐龍友每來精廬余亟以筆法刀法叩之翁曰執筆必須中鋒懸腕落紙必如斬釘截鐵作印亦必中鋒篆則取法於漢章刻則大膽落刀小心收拾余聞之不覺狂喜心印其言而手追之一日就正於翁翁大詫曰是何進境之速耶又有陸我田端門山庭者老人内家之㓜行也皆以詩文名於濠上而端門兄弟尤雄於貲居室壯麗饒有花木時值山茶玉蘭盛開西席程雲上賦山茶一律玉蘭十絶句以賞之索老人和韻老人復囑余和一宿如其韻而和之明晨陳於几上老人見而歎賞以視諸陸刮目相待而端門情

好尤摯焉秋七月八日老人將移家雁蕩村蓋其婿所贈者老人索余一律為賀余因紀之以詩造其新居有樓曰芸香閣老人偶得古銅印因以為名者袖中出詩老人見有銀河靈鵲填橋後玉露莎雞在墅初句極稱賞之且曰汝來甚好我將招潄齋先生來叙正可陪坐以作竟日之歡也先生名葆光字亮直又號潄齋以壬辰科第三人為翰編賜一品服為封中山國王副使告假在籍者明日先生至老人延至閣下呼余拜見曰此吾表甥光福徐某也見先生儀觀岸然長鬚秀目直似神仙中人而聲音洪亮談吐清妙不覺心醉神移矣已而老人命以詩呈先生閱之贊不置口既而入席侍坐於側又細訊家中光景老人具以家計蕭然不能讀書為告先生意若愀然有感者將歸握余手曰明日可來我家此後常可往來也余遂如期而往來鳳橋邊問水月亭者及門則閽人先已受命引入拜見於二

友齋中并晤其喆嗣受清端留飯款語竟日并詢我父館舍所在告以在虎邱花園吳氏不數日先生即過吳氏與我父兄二弟行云自是常往其家一日語余曰我將來歸館挈汝入都再圖機會余俯首以謝其後先生行余以事不果隨而先生亦不久即出

八年庚戌十九歲館於倪家巷之倪氏有附徒之兄言語不遜辭歸

九年辛亥二十歲父歸里訓族弟夏珍輩父將為二兄授室苦於無做房處因借九房空屋以居始得寬展焉九房者從祖禹若公有孚生子景一伯早卒伯母許氏子殿衡兄耶柱嫂謝氏兄受業於吾父從祖歿後吾父時卹翼之兄以此感而弗却也是冬娶二嫂韓氏

十年壬子廿一歲秋韓氏嫂以生產暴卒是年余館於耕漁軒

訓姪剛中健中兄弟二人夏初以其家人禮貌無狀亦即辭之時人因余三次館不終局皆目為狂生余顧夷然不屑遯跡於海雲寺主僧明山者三舅之子也胎素出家能通儒書愛余如親弟

十一年癸丑廿二歲夏初二兄歸自瀏河沾染時氣到家大病父母驚惶余遂步行至濆川延好友張萬中兄半夜到家兩劑而愈不意我父染疾再請萬中兄醫之不効六月十一日歿蓋棺後母亦病萬中兄屢醫不效七月十三日歿時族人親屬皆以時疫無一來看視者惟舅氏中表兄弟數人耳時二兄大病初愈哭不成聲大兄晝夜哀號感動鄰里鄉黨咸稱為孝一日五舅來見大兄麻衣中血痕漬出流涕謂余曰汝大兄今又割股而不效天乎天乎蓋以昔年母病曾割股以進母病得瘳余始悟幼時見大兄左臂有痕墳起如乳時戲呪之詰其故笑而

不荅至是始知悲夫母臨殁時神明清朗呼余曰汝輩得以長成皆汝大兄之力我亡後汝二人當盡禮事之無忘我言但其性拙堅不欲娶聽之可也余泣受命終七後大兄力足餬口二兄仍住劉河余復依栖於海雲寺明山見余困厄至此益加勸慰情真且篤遂留渡歲知己之愛同於骨肉有五律二首紀之見集中不料於丙辰歲余歸自淮上明山竟殁徒掃其塔而哭之詩見集中

十二年甲寅廿三歲先是殿衡兄之内叔謝南培以事遯跡山中其妹夫曰沈景韓館於淮陰程氏南培往淮訪之沈薦於尊江程氏精生色復來山中爲言程氏門庭之盛約余二兄以南貨往售可以獲利因即同行半年不通一問心甚念之適聞澂齋先生回里余即往候備問近况余以將存二兄於淮之意告之先生曰尊江我舊好果欲行我當介紹不數日二兄忽返欲

置貨復往余遂以先生之意告之二兄欣然曰果有薦札事必有濟遂造其門值先生他出而閽人授以一函啟視之則致尊江書也中有吾家千里駒云云遂同二兄至淮寓於普光菴時將度歲矣

十三年乙卯廿四歲正月往拜尊江僅得一面回書一函而已時大兄來淮省視少留即歸詩以送之進退之際正在兩難有豐城雷安伯先生者精於堪輿以相度萬年吉地議敘為毋老不就而歸路過淮陰程氏欲延其擇地先生未遇時曾在吳門主於謝氏南培閣而候之不獲晤及來回候於普光菴南培與二兄皆他出余獨接見茶話間細詢所以具以情告意甚矜憫翊日三人同往候謂二兄曰我已允程氏之請將往徽令觀令弟器宇非久困人下者肯同行或有所遇二兄許之遂同舟至揚暫寓於藥王廟而先生同王撫軍差官往拔子寺整理工事

主僧水和上人文雅可談座懸南堂方先生詩幅詩字俱佳因和其韻以贈水和及先生來省即同由大通過江乘輿過池州望九華登大楓嶺歷休寧縣至牛坑程氏之高舍程氏大川翁水南翁洎錦江兄先到久矣山行數日先生授地理書一卷夜則講貫晝則一路指示余茫然不能質問唯唯而已二翁知余爲澂齋先生同族不以常人相待而錦江意頗契合有以字畫來售者内有石田翁畫菜一卷贋跡也題句甚佳曰民不可有此色多取而我廉不傷士當得知此味多食而我欲不荒後睢初雨南園未霜先生飽矣其樂洋洋等句一日先生同水南翁入山覓地大川翁攜余與其子徘徊山徑間翁忽憶沈詩而不得其全余隨口應之翁大以爲異晚間翁謂雷先生曰汝徒姿性過目不忘何不奮志功名而乃游於藝耶先生曰此非吾徒也乃吳門故人謝氏之戚窮途相託者備述孤露困游之故翁

乃憮然曰既如此何不拜我四弟為師上淮讀書先生遂命余頓首水南翁於牀下稱師弟焉葬地既得先生即回豐城余同程氏溯新安江至吳門余將歸里省視大川翁曰稍為料理隨後即來復贈盤費而別余見二兄始知大兄因張喈聲復來同往瀋陽矣此時心緒有不堪追念者掃墓既畢即作上淮計時二兄有來安之行同舟至京口分路賦詩而別有江流萬里深千尺不盡斯時離別情之句四月到淮見水南師於復齋即師讀書處也師大喜呼其大世兄魏江三世兄晴江相見遂引至大川翁所翁亦大喜笑曰今晚有便酌洗塵不可卻也仍回復齋則余之襆被敝篋已鋪設於復齋矣少頃師邀余同至策竹堂則已張燈設席蓋其家風每晚必邀上客與其羣從圍飲於此坐既定導江入席見余在座大駭就余席而致殷勤焉大川翁名垓字眷谷昆弟四人翁其仲也三子澹江練江錦江孫十

餘人其伯兄根餘翁已歿子四長御李次亦亡三即尊江四祠江其叔弟為與林先生壻前乙酉孝廉以文名重於時子一茘江季即水南師城又名嗣立子五長槐江祐次岷江植早卒三晴江純四與五後來所生一門四房衣冠濟濟可稱極盛而翁嚴以治家慎以治身勤以處事遠近稱之庠從皆謹守其家法云秋七月二兄自來安來淮即去歲底復來度歲於普光庵

乾隆元年丙辰廿五歲二月歸里有入門出門詩即同二兄北淮兄忽大病余移被出視醫藥病已向愈夜半忽腹瀉不止下體厥冷余蹲擁其足而冷漸過於膝連聲曰不好不好余惶遽抱寘牀覆以被喘益甚乃手捧其頭口接其氣氣冷如冰三四注氣漸温急起擁爐煮薑湯進繼以糜粥天將明而後安余遂惡寒發戰牀為之動寒定發熱昏憒讝語不復知人事者五六日漸減二十餘日始得起坐因有詩云好憑記取淮南路積雨

僧樓對病眠向二兄既去余仍回復齋七月二兄復來云有東洋之行非不知風浪可憂實不能挽之不去也

二年丁巳廿六歲五月二兄自東洋來淮秋九月余亦歸里十月復同二兄上淮同在復齋度歲蓋程氏諸君子以愛余之故兼及於兄而萬江情誼爲尤篤云是歲秋間二兄購得橫山薛家灣之地將爲兩先人葬壤偶與大川翁叙談聞述其事翁曰子之兄弟困苦至此此事更當慎重吾家張聖宣先生明於陰陽二宅明春伊欲回徽我當爲子一言同其覆看何如余頓首以謝南昌太守吳同仁號孟樵商邱人翁之壻也以辦銅來蘇探視婦翁與余最善

三年戊午廿七歲燈節後孟樵約余同回吳余與張先生訂月底相候孟樵到揚留余飲讌不肯放余先行心甚懣懣及抵吳則與張所期之日相懸十餘日矣二月初十日二兄與余往候

孟樵正過張先生於閶門吊橋大喜過望遂買舟渡湖抵其處登山徘徊顧望曰此地可用但他家墓向皆朝吳江今吾定向當朝陸墓山回龍顧祖大可用也遂託其擇日而別余復上淮移櫬於菰蒲曲乃水南師爲其母夫人停葬之所廬墓以居者也五月水南師有事於揚余隨行止於吳翁貢九拂雲書屋有高郵人張嶟號尊山者能寫山水頗自矜詡寓居於淮舊識也時亦在揚常來敘語余以扇索畫數日不能得是日水南師赴酌於其姪澤弓家張來嬉談索其畫扇張極言作畫之難汝勿輕視余曰以筆作畫有何大難而矜重至此張曰汝少年玩易到老無成然其年長於余不過二三歲也余怫然大怒曰聖賢亦是人做況幾筆爛畫而敢輕量人耶張亦怒曰汝能爛畫否余曰不能如爾高自矜許耳顧何難顧謂貢翁之姪曰老五試取扇來我爲子畫吳以我爲能事于斯也欣然出扇及筆研置

於几上張見余磨墨拂扇有舉筆意若欲避去余挽止之曰第看我畫則爲長夏讀書圖圖成張去久矣適方詢遠先生來名士庶尊古黄先生高弟也邗上人極尊重之見余扇曰吾兄亦有餘事耶余告以從未涉筆與尊山鬭氣耳方曰用筆用墨皆能遠俗若用功三年勝張十倍矣方去余心竊喜落款用印居然滿幅水南師暮歸持以就正師大笑曰幾曾見汝作畫乃能至此具以實告師曰觀此筆意如見昔人解衣般礴狀努力必成國工余益喜後歸菰蒲曲不能忘情於斯矣時篁村張墨岑先生宗蒼亦尊古先生高弟余屬老親而先生爲程門之壻常相往來因以所作質之先生欣賞曰用筆命意大非初學所能然峰巒之向背徑路之曲折林木之當疎當密村落之或聚或散皆有一定之理不可草率所以古人作畫必有藍本可免龍脈不順徑路不通之病我舊稿可以臨摹諦審且夫用筆如古

人作書必使筆力透出紙背今觀古人真蹟墨光炯炯浮動絹素是皆沈著痛快歷久而發現於今者尤當留意已而寄稿來大幅小幀皆出自荆關董巨黄王倪吳諸大家真蹟于是日夕臨摹久而益勤矣繼而復來余再叩之曰畫雖小道必視其人以為污隆試觀名蹟留於今者亦隨其人品而不朽也今之畫者邱壑不寘其胸懷金錢日縈於寤寐雖其生存享盛名而畫已朽蠹久矣安可傳耶其議論如此又嘗觀其作畫紙必宣德筆必重豪一紙到手便有環視六合睥睨今古意象始以淡筆略成廓落經營慘澹布成全局然後帳筆落紙必以全力赴之首為之俯而肩為之動者局勢既定然後細為點染長皴短刷乾濕濃淡隨意而下終無懈筆將成則又撫摹咨嗟若有出於萬不得已者蓋其用心之專若此後值聖駕南巡河督高公斌以其畫進卽召見賜詩題之命卽隨駕入都授戶部主事賜屋

以居日值內廷時蒙賞賚御賜貂裘尤為異數人皆榮其遇而不知其一生精力專勤蘊蓄之所致非出偶然也其後以病痺假歸終老於家云秋月之夕夢中一無所見忽得句云北邙山下土白骨相撐拄一朝犁鉏磔白骨依舊青青遍禾黍舊鬼不敢哭新鬼啾啾鬼火綠旦以告之水南師師曰子豈長吉後身何新穎至此耶終不解其何所謂也臘月二兄來淮度歲張聖宣先生安葬期至定於明年二月

四年己未廿八歲正月二兄遄歸料理余亦遂返程氏諸君各有所賻遂得襄事然終草草不及遍告親族時諸舅先後去世所存者惟五舅六舅而九房殿衡兄嫂亦先去世因留六舅在家五舅雲五兄送柩到山既登穴余與五兄定向而合窆焉韓氏嫂柩祔葬於下余奉主先歸來往皆得順風竊以為喜二兄留山封塚而歸三月上淮自後二兄常得往來稍有生計者出

自程氏而荔江之力尤多冬爲余定婚在淮度歲

五年庚申廿九歲桐城戴廷詒二兄夢滄南山老人之胞姪與水南師有世誼時館于葉司馬存仁袁浦署齋與余相好時大兄遠出五年杳無音問每一念及意輒慘沮戴恠而問之余以大兄久客艾渾音信不通之故告之戴曰我舊東喻公守智者系出江西其先人遣戍艾渾現爲霍山巡檢與我相好例有解茶之役今年輪彼當差試作一家信我更作一札託其寄往艾渾冀得達也余聊作家書云弟館于淮賓主相得二兄亦常往來先人柩已葬橫山弟已聘定仕墟申氏今將議買九房之屋娶婦成家大兄見信速速南歸苦樂同受云云又作一札并字畫送與喻公諄諄懇託戴亦作札付鹽脚子寄去正如水中撈月聊復爲之二月同二兄歸橫山展墓聞瀫齋先生去世靈前一慟以申知己之感而魯摀老樵竺樵老人亦先後物故一時

老成凋謝文獻無徵不獨為一人慟也先是荔江扶其先人靈柩歸葬訂於胥門相會同行舟適至遂由杭過嚴抵新安止于岑山渡之祖居逗留兩月六月到淮知喻公於四月間有回信來云到都時已將家信交與黑龍江將軍之提塘與我相好決無差誤定有好音也時二兄先已在淮聞之心覺稍慰即同二兄歸家七月契買九房伯母之屋九月行聘禮

六年辛酉三十歲正月修理所得房屋三月納室孫氏外舅宛在公中壽而亡外姑王氏早卒時室人尚幼撫養於申申與孫至戚也其所撫之母又為徐氏問名納采仍孫氏主之傳聞大兄當歸二兄到虎邱君求兄家探問寂然無聞繼又有聞二兄再入城探之果相遇於南濠同舟而歸時則四月廿七日也六年離散之苦一旦團聚之樂有非筆墨所能盡者略見北歸記中及詢去年所寄之信曰三一日將軍轅門懸牌召募南商徐容

昭蘇州人氏當堂諭話時我所熟者羣來相告心甚驚恐衆人擁余以前告守門者曰此是蘇州徐容昭俄而中軍出手執一紙細問鄉貫有無父母有無兄弟細以實告中軍聽我言核入而復出以紙擲地曰此汝弟家信汝可收去麾之而出是時即圖歸計以天寒暫止春暖起行也及聞伯父則云近年日漸龍鍾難任跋涉之苦矣楊閣學久已去世其子與張喈聲早扶柩歸矣余以賬目未清尚當再往也五月起身上淮六月大兄來云與二兄同往瀋陽即回小聚兩月復事遠行益難為情矣十月將歸荔江請於水南師曰徐五哥從叔讀書果善但其新有家室家計未立姪意欲延至姪處料理楳事又可專心詩畫姪資其薪水免其內顧之憂不知叔意允否師曰汝與彼厚吾心喜且慰矣遂歸八年落拓此日方得有家度歲云

七年壬戌三十一歲正月即赴淮下榻師意齋先是九房祖墓

在觀山塢地方上葬三代五棺地寬三十餘畝與彭南昀先生之墓爲鄰十二月伯母弟許振玉同族兄鶴洲邀同伯母到鄧梅村家先立草議鄧名士爍時以荆州太守丁憂回籍族姑丈朱公之壻鶴洲之嫡表妹丈也是時余尚未歸二十日到家正成交之日也明晨族弟漢球知有此事向振玉謄出議單則有議價三百兩先交一百兩餘銀徐氏遷棺後再行補足之説余入問伯母則云議價三百兩我只收押契銀五十兩遷棺之議則不知可知兩人欺蔑老寡狼狽爲奸餘銀五十兩想已朋分矣是時玉升叔爲房長同漢球弟將許振玉扭至縣署時已封篆縣尊馮公口諭開期補詞許振玉著取保

八年癸亥三十二歲正月振玉鶴洲復邀伯母入城云去解議則二人假揑伯母出名投詞誣告玉升叔與漢球弟侵冒朋分縣批鄰族查覆余同族同居不得不列名投詞矣因先措銀五

十兩同至鄧家解議梅村出見曰雖在我家成契而地主實彭氏若解議必到彭家余曰在此成交豈有冒入彭門之理抗論半日終不收銀明日具詞呈價求縣尊貯庫馮公不肯收而彭亦在縣投詞馮公批令解議而原中二人匿跡不出矣馮將解事復上控府廷府尊爲覺羅雅善公批出仰原中理諭彭宦家屬彭忠收回原價歸還徐姓墳地以斷葛藤無任滋訟鄧姓如果抗違即赴縣禀究而彭封翁投詞臬憲止余一人而不及漢球時玉升叔已抑鬱而亡矣臬憲李公德裕批仰蘇州府查報府復發縣新任姜公順蛟庭訊時封翁手遞親供其弟菊斯與其長孫霽光就訊姜公訊二彭及漢球俱不過數語而獨與余詰問余對曰原詞本無某名奉馮公批仰鄰族查覆某係同族同居不敢規避並非多事如彭所供云云也公見余辯論理直無以屈之面發赤曰據汝所言此案如何結構對曰富貴貧賤

國有不齊而祖宗墳墓天下一體今此一冢五棺斬焉無後所以竭力保全之者亦仰體聖朝埋胔掩骼之至意況彭宦素稱忠厚之家若照原議云云諒亦不忍但可以情求而不可以勢壓也公色稍霽乃謂鄧曰公係兩造至戚解鈴還須繫鈴人也照彭所交之價而割徐墓之餘地可以息爭詳結矣退而相議割地重釘界立石尚餘山地二十三畝零縣詳于府府批彭宦不得侵佔徐氏不得轉售他姓以及伐砍樹木轉詳臬憲事雖結而余已大困費百餘金并此後山粮祭掃盡屬於余矣六月爲二兄續娶朱氏嫂而茘江頻信來促七月赴淮臘月墨岑文有信相訂同歸余與周牧山束裝以待舟至即發張文育喪子之慼舟行鬱鬱無以遣懷故邀故人作伴又有同行者爲盛青嶁其甥也冰蓮鄰蓉僧也風順一夕至揚州過江平穩因作寒江共濟圖賦詩贈余值夢堂英公京口濬河工竣開壩邀往城

中設席演劇竟夜公買舟賸行并訂來春探梅之約余抵家而
臬憲完結批詳適至二兒笑謂余曰去年此時弟歸而此案初
起今日弟歸而此案乃結若有數存焉者
九年甲子三十三歲正月望日清晨夢堂同其師歸簡在墨岑
青嶁與其弟碩斧至餉以年果友邀余飯於其舟乘興入山詣
聖恩寺時微雨梅蕊初開遊興不暢及暮而返至草堂艸具夜
饍夢堂贈詩有云浮圖方樣橋三空知到南州孺子家又曰袖
中一寸昆吾鐵畫破仙人掌上雲蓋謂余刻印也飯畢擬即泛
舟作靈岩天池之遊余以室人風疹發甚不得陪去心殊悵悵
及歸淮公已入都矣時值水南師病槐江出面有淚痕見余大
咤曰異哉異哉父在夢寐中有時譫語曰徐五哥來矣汝知之
否不意果至矣聞之含淚入見師瞪目視余口中喃喃舌強而
不能語越日而終余作七絕五首述懷贈魚門五古一首聊申

十年親炙之痛後其家事日落槐江客死衢州晴江與其兩弟不知此時存否而余終不得稍有以報為憾師在日日與大川翁飲食相共殁後翁年已七十餘獨坐無聊心懷悽愴時時疾發靈胎兄復一再至而翁竟不起時余去淮未及一哭又一憾事也是年三月大姪生冬月回家度歲

十年乙丑三十四歲冬荔江信來云生子慶瑒於痘囑余延精于醫者同上淮

十一年丙寅三十五歲春知再從孫雨若世業醫人復清修自好挈其到淮與余同卧起於師意齋之内樓是為荔江藏古之所書畫金玉以及鑪磁諸品羅列其中見其所藏銅印余心喜擇其出於秦漢者得一千餘方為師意齋印譜人共寶之因而發興取史記漢之職官以為印名曰西京職官印錄雨若為余界烏絲手錄注釋以為底本書法似黄庭經甚可愛也冬初荔

江子女適出痘皆應手而效大喜演劇酬謝所惠甚厚臘月同余歸茘江相訂開春即同來十二年丁卯三十六歲有江陰沈子常補蘿外史之長子也持其乃翁手札云已新任舒城筆墨酧應甚忙彼已札致茘江邀余暫為料理即約同行余因札付兩若令其先往舒城即古龍舒地山水清幽人民儉樸盤桓三月肩輿兩日而至六安州州牧金公太倉人名承勲字元功又號遜堂風雅人也見余至歡甚留余度夏時有吳江周旭之先生名日藻以名進士為山長訓迪有方文風丕振至今科甲不絕六安人稱之往來相得也值金公夫人汪病殁霍山巡司喻公來弔即前以家信託其寄往瀋陽之人余再拜以謝喻亦執禮甚恭憶乙卯寄信時十三年矣因以筆墨贈之而別七月上淮詢兩若知抱病回家卒矣心竊傷之冬間歸里余至留鄒堂覘其母則兩寡三孤煢煢無告惻然動心時其長孫年十五幼者六七歲孫女十三歲皆鶉

衣百結而無寒怯氣女更坐立端莊心甚喜之歸吾室人因撫以為女次年令其子景陶習業於毛氏今已成立幼子樹伯亦成家今猶同居於留餘堂是年二月二姪生

十三年戊辰三十七歲三月構紫荊書屋蓋以前後屋皆高而此室獨卑且就圮也五月嫂朱氏卒

十四年己巳三十八歲時大姪四歲室人撫養二姪方二歲不能兼字二兄再娶陳氏嫂正月到揚知補蘿為建德令有信與鮑端人兄約余往泛江而至東流登陸山行至建德城在萬山中與徽接壤宋時梅都官舜俞令其地山頂有梅公亭幽深僻靜堪吏隱西接潯陽而權使唐公名英號蝸寄能書善畫向權淮關舊識也補蘿亦與相好慫恿訪之乘與山行二日而至時已昏黑暫止於關口僧舍晨起懷刺投之公欣然延入問所從來答以故曰我聞補蘿官況甚苦心甚念之即留飯曰先生至

此有事相煩但衡齋逼窄無下榻處且於琵琶亭暫居命其長君文保出見引余至沙先生館中并及諸賓客沙名上鶴號芝田吳人家於江寧故人黃龍文之師余素聞其名再飯遣人送往琵琶亭僧舍公命人送食物意甚篤也明日公移尊至又明日公子同芝田復移尊至深談芝田曰唐公已掃除斗室請即入署時為端午日公之生辰也公午飯後必來叙談日以為常一日以絹本長卷至曰此吾師麓臺司農所作惜乎未完藏之久矣今觀尊筆酷似吾師請為我完之展視則西湖全圖也余遜讓曰此是王公真蹟豈可佛頭著糞耶公因言當差時派入內廷供事於司農左右見公作畫亦復塗抹公偶見而善之余心喜因拜為弟子聖祖南巡回命作西湖圖即此是也復奉命易以宣德紙余再拜求得之乃吾師未了之局得尊筆以補全之先後皆人當有因緣余益惶恐遂謝當盛暑揮汗點染半月

而後成公撫余曰吾師面目此日完全矣可稱快事余遂告以訪舊漢上暫別公諾之曰是必速來九月當同登高於琵琶亭也遂買舟溯江抵漢口止於洞庭公居時揚州唐公名綬祖號莪村爲湖北撫軍長君南屏辰衡與余善余渡江謁唐公及其長君公即延入繼與南屏握手道舊歡然如故也三四日後遣人招飲于其署公陪飲無二客意甚殷殷留兩月復至潯陽時以家事關心急欲南返告之唐公公曰天寒歲暮如必欲返便可即行明年燈節後例於景德鎮祭窰請從浙江而至僕在鎮相待無違也余唯唯應之遂登舟抵皖江而六安州牧金公適署安慶府篆余入見歡然留飲昏夜遣人護送出城意甚渥也臘月十五日至常州海防司馬楊十兄已陞任常州太守入署見之留飯曰我爲老弟插柳之舉現已咨部可爲赴工効力之地我當爲弟力圖之明年賀歲再晤吳門也遂別而歸

餘冬璅録卷下

十五年庚午三十九歲正月唐公信來云已調任粵海如肯南遊之興當爲羅浮東道主余憚遠行本不欲往遲之五月信復至而復起行過杭至江口僱江山船由衢州抵常山登陸出草坪復買舟過鄱陽湖抵南昌歷吉安贛州上十八灘下南安來嶠一路風景慘澹灘浪湍急過嶺行瀧中而至省城時爲七月七日炎天赤日中跋涉五千里疲憊可知入見唐公其神情意味非復潯陽光景蓋因與大吏相忤事不由己後其子太史名寅保奉命幫辦與大吏有師生之誼始得無事余於此時已欲告歸有故人韓佐商以事來粵牽綰不得行及其事竣告唐公以起行之期公曰累先生遠來而不能强留者其情自能見諒不敢細述也乃附佐商之舟而至揚適荔江在揚談湯十兄卒於任所其子老七以事被劾發遣武昌次子江西撫軍湯公聘

之壻依岳家以居一家星散矣噫纔一周而變故至此雷光石火豈不可歎

十六年辛未四十歲正月十三日洪遠姪得孫周歲設席大兄與余及大姪在座初更時家人來說二相公回家矣余告大兄挈大姪先回二兄見余哭倒在地備言海中船漏水漲跳入三板子逃命須臾船撤物盡漂沒三板子上一無所有忍餓至一島中始得登岸行乞而歸余不忍聽其說完暖酒以慶更生大兄亦回兄弟復得聚首自此余不敢聽其復遠行矣冬室人爲余納妾

十七年壬申四十一歲正月余携室人同繼女暫居申氏蓋以大姪就師攻業也三月上揚寓興教寺日與素識諸君往來酬應詩酒留連而與方西疇尤爲莫逆西疇名士廑號右將能詩一日邀余至其家云有故人在此則江寧方盥若也憶別淮安

十六年矣歎然道故冬月回家遣嫁九房姪女余向揚州故人胡霞滄借得六十金以為嫁貲及至家見二嫂與室人料理奩具已草草完備心甚欣悅遣嫁於南潯吳氏吳本徽籍及期二兄與嫂送去成廟見禮而歸姪婿號殿揚後與姪女常來吾家今有三子其長子年三十餘歲矣

十八年癸酉四十二歲正月往揚四月大兄信來云室人懷孕身子不寧必得親自回家看視及到家見其遍體發腫飲食減少坐卧不安心竊危之而實無可如何也如是者五閱月至九月十三日生子即嘉秩也時室人年已三十有八初懷孕竟得安後此亦不再孕止一子而目前兩孫男兩孫女皆其所生娛我晚景多幸老民不已厚歟先於六月中西疇信來云鹽若訂北行去否又云汪敬亭延余託為轉致余以兩姪尚幼子尚未生不能遠去敬亭雅意到揚面商覆之洗三後即赴揚札謝鹽

若西疇道及敬亭相延之意甚篤已而敬亭面訂燈節後歸楓以待歲暮歸里

十九年甲戌四十三歲正月赴敬亭之約館余孝經堂即戊午年拜候南堂老人之所屈指十有七年而余乃得居之老人久已辭世今昔之感不禁慨然因贈敬亭以詩忽聞荔江山閣不勝哀惋是夜即得七絕四首買舟赴弔舟中復得五律三首見其遺孤麻衣而泣又得七絕二首然終不足以寫其知己之情也哭水南師殯舍于蘇蒲曲亦得七律一首槐江晴江留余止於復齋知其家口日繁生計日窘翦燈設飲情誼如故慨念今昔而杯酒盤飧不能下嚥矣信宿回揚是年在揚度歲

二十年乙亥四十四歲

二十一年丙子四十五歲大兒得膈噎病余與二兒更番歸侍

二十二年丁丑四十六歲時大姪十四歲令其就傅于迂溪寺

氏館師黄棣顧天琪兄肇修表弟之嫡表兄而為郎舅者其人才品兼優今湖撫姜公方困諸生亦往來李家顧議與余家結婚託雲和五兄為媒顧曰我女未嫁者尚有四人徐生聰俊是可為偶但我家本寒素不受財禮亦無奩贈必得五表兄出名來聘蓋與余素稱相得也受業三年似有所得明年正月顧方到館遽以疾不起時余出弔于吴江伯母之喪歸而聞之急趨迂溪肇修備述臨終之言託備嫁妝行聘厚薄不論也是年冬自揚歸里置酒慶大兄六十生辰

二十三年戊寅四十七歲正月十八日大兄壽終三月上揚

二十四年己卯四十八歲

二十五年庚辰四十九歲余與敬亭晨夕聚孝經堂者七年敬亭見余硜硜自守意甚推重為余舉一六總會每會收銀五百兩託其表弟吴君佐平捉子錢償本吴君為方西疇之壻與余

至好者四月敬亭卧病伊父交如翁年逾七十衰病去世敬亭大慟越半月而卒余故有嬰疾未瘳遭大故哀號難任竟長終之句其兩子託余編次行述昏夜請余至幕所云先父臨殁遺言謂先生性情孤峭人極忠厚爾二人年幼當師事之資其訓導不可辭去敢以實告余起向靈前揮淚感檮敬亭殁後四日佐平亦以中風驟亡其子賓六年方弱冠一日西疇語余曰外孫賓六年稚所託會事似宜告之宗長立議爲據余慨然曰人之貧富自有命在若賓六將來能自樹立決不負我如其不然雖立議何益況於佐兄異姓相好今其骨肉未寒何忍輿言及此西疇悚然執手贊歎而去其後賓六事業日隆會終之後歸銀二千四百兩薄置田產皆此物也

二十六年辛巳五十歲二月聞靈胎兄第三子卒余往唁之值其卧病聞余至延至榻前曰三郎聰慧肯讀書纔一青衿遽死

吾甚痛之且有萬不得已之事無以處之哉是以病吾弟來何以解我憂也言蔣中堂溥有病秦司寇薦於上前蔣特遣人來請辭而不得無人作伴同行之故余忽曰弟同行何如即蹶然起曰我弟肯作伴快談道中樂何如之遂訂於揚相候至揚州以語春明宇周昆仲彼亦許之上以靈胎久不至命蘇撫陳公宏謀遣官護送來京三月初旬至余即同行蔣有掌家唐念怡者一路小心謹慎意甚親暱舟抵清江浦過河至王家營起旱登車轣轆之苦前所未經也至都爲三月十八日主於李光橋相府之西而靈兄先往圓明園見傅公憩其轉奏矣行裝未卸而念怡來邀余并姪壻王得之進見至榻前公曰有勞先生遠來病夫不能行禮請坐設茗果細談辭色間大眄睞余俄傳額駙福隆安公奉旨來看病辭出回寓少頃念怡復來索畫余於匆忙中取小幅二與之念怡又來手持二札并一紙欣然而笑

曰中堂見畫歎賞之至有保薦意此萬分之喜人所不能得者視其札乃是紅單背面橫書云適見尊畫二軸筆意文秀內廷罕有其匹其淡水墨勝於淡着色今來宣德紙一張可截作兩小幅一爲淡水墨一爲淡着色上于廿七日幸此看病弟意欲面呈不知先生以爲何如再示一箋乃摺稿也云此次徐靈胎奉旨來京帶有伊弟徐堅善畫山水良見其筆墨文秀今其繪畫二幅恭呈御覽念怡從旁喜躍之至余曰且俟兄回相商覆命先爲道謝黃昏時靈兄回寓與商進退兄曰此是大際遇進退在吾弟我不能贊一詞余曰兄豈不知我家中光景乎兄曰何不商之英公明日遂至汪家衚衕英公府中值往圓明園不晤而歸俄頃英公遣人持帖回拜且邀明日晤談但必須下午方可早則恐不相值也明午復往公尚未回其次君延祺出見留飯至二鼓方回迴憶看梅時已十有八年矣不及款語畧言

近狀并性情踈畧若入内廷未便遽行告退公幸為圖之公曰前者墨岑以渤海相公之薦得官受祿然論學問則墨岑遜於吾兄而南沙相公之寵眷又勝於渤海今相公既援引於前吾當推轂於後據吾兄言亦自有見然相公美意亦不可冷淡姑且畫成綏圖何如余曰寓中甚窄賓客甚多難以筆墨從事公曰此可告知相公移住我家必聽許也登車時已三鼓時公方為九門提督一路無阻到李光橋將四鼓矣廿一日出内城拜司冦秦公蕙田號樹峯無錫人學士秦公大士號劍泉江寧人時其長君承恩號芝軒成進士為翰林今為西安巡撫并得之令弟敬之名尊翼吳江人時為戶部主政今為甘肅蘭州道廿二日託念怡以將移寓英公處轉達蔣公公許之遂移裝而至汪家衚衕英公館余於檀欒草堂之歸帆亭竊自計曰此歸而不留之預兆也共飲食者其族姪名玲涿州相公曾孫時為孝

庚會試不第在京桃選其秋為嘉興令余曾一至其署後即去世廿六日二圖成往舊寓謁念怡曰奉相公命二畫已成姑緩進呈何如廿七日上親幸視疾公病已劇不能及於是也四月初十日公薨英公以告即往弔尚未帷堂夫人公子皆素服席地坐覆以多羅被出自西藏織佛像百尊上所賜也嗟夫登門立談之頃而即眷念於山野之人拳拳至此則公平日愛才若渴吐握之風猶可想見而不能已於懷也賦七律銘感輓薾老人李公世倬拎之外祖也時以副憲告老家居拎同余謁之則其居為火所燬破屋三間竹榻敝几蕭然如寒士家風公喜留客暢談知其為鐵嶺相國高公其佩之甥畫之淵源有自來也劇談半日而別明日答候於歸帆亭見余畫亦大稱賞談及蔣公公曰與公為國家培養元氣者我亦因與相好先生之米髓已遲矣為余歎息者久之乃去時余甥張書勳以會試不第館

於巡城御史陳公大化署齋今少司寇姜公晟亦以會試不第主於宋太史銑寓時來叙談而望山相國尹公繼善亦入覲來京至其第見之蔣公夔後其子與靈胎兄不相得尹公知之欲留靈兄暫寓其家靈兄謝之即移於王公尊巽寓中以行期來告余以告英公公留余余曰既與家兄同來便當同歸承公雅意請以異日遂由張家灣登舟至七月抵家

二十七年壬午五十一歲

二十八年癸未五十二歲三月大姪應試崑山回余將建屋因厝大兄之柩於申氏之山是日親友畢至而大姪方在殯次忽聞學書來學臺出案招覆大姪即釋衰而去大兄不娶無子以弟子嗣而不得終為子之禮送之事固天定悲喜交并匝案出名在吳庠第九屋於三月起工至臘月始竣

二十九年甲申五十三歲為嘉禾姪行聘

三十年乙酉五十四歲娶姪婦顧氏悉遵天琪臨終之言不肯因其身故而稍背之也

三十一年丙戌五十五歲為重建光福塔事往返於楊塔建於蕭梁大同中自宋至今將頹敗我先人修整之至此不可支當重建而所費無出也會太傅沈公德潛予告在籍太史廖公鴻章閩人僑居光福作疏在楊捐募詳見余所作修塔記中冬酉峰告假回籍路過揚州邀余同返

三十二年丁亥五十六歲夏月張甥假滿挈家入都侍其母夫人來山話別盤桓數日因命兩姪一子拜為師而大姪從之入都

三十三年戊子五十七歲浪遊北行蓋為大姪援例應試故也水路至濟寧登岸作寓時無錫嵇公璜為河督仁和姚公立德為河道少為宿留登輿至保定已四月下旬特刺謁宮保方公

即請見蓋公嘗以詩索和圖章索刻祠堂長聯索隸并知曾受業於其叔南堂先生既見公温温致謝意歡然留余度夏主於蓮池書院之蕊幢精舍主僧慶雲常熟人意相得而款待甚周定州牧沈公鳴皋號聲脊薄有親誼未謀面午日招余寓館殷殷如至戚時清河觀察吴江周公元理號燮堂保定太守仁和吴公肇基深州牧高密單公功擢眞定令歸安陳公焕候補縣令揭陽陳公子承號仰齋皆往來而河間二尹趙公廷策以同郡人管理蓮池情好尤篤舍館定寄信與張娚即遣大姪至余以援例之資付之回京山長江韓門先生師韓錢唐人向以翰林爲主試被議削籍人品醇謹學問淵博爲宫保所重延主書院余初往見之意若落落工而乃親知其爲本色人謂余曰我三日不來我足自動矣相與一笑時宇周訖友曽學彬并余舊僕許德招余回揚余即入都主張娚家適當試期張娚入闈

即同學彬並車至保定晤韓門先生知宮保病甚危篤是夕即薨為八月十四日也仰齋知余將行來送曰匆匆別去甚難為懷我之得缺必在即先生遠在吳中相請非易倘或如我所在幸遽然而來無忘今日也余舉手謝別復同學彬並車至濟寧同舟回揚

三十四年己丑五十八歲八月為嘉秩聘漬川省庵周公孫女

三十五年庚寅五十九歲知仰齋授廣平永年令乃復北游舟抵濟寧逕早入其署知聲蒼沈公已陞任廣平太守數日後公上任余未及往候也仰齋告之公即遣人邀入府署暢談留飲歡甚老輩風流可念也郭外荷風環遶有亭可登亦有蓮花書院山長孫公掖縣人以進士曾為令者豪於飲府署親友甚衆時至荷亭詩酒為樂而孫公與焉唱和甚多亭中有宮保七律一首刻于石詩極佳余亦和之誌感真定令陳公前曾有約因

過滹沱河至真定城極壯麗入南門見有劇閣巍然則蕉林相公故第也入署見陳公喜甚主于介石軒之西書室甚精潔幕客李孚周紹興人籍於清苑其尊人曾為姚安太守已故其姪孔揚與張錫同年時為御史李善詼諧能吳語喜度曲每日飲食出其自備得與相共意甚適也其後八十歲應試恩賜舉人以終老云時太守宋公英玉號杏川州里戚誼揚州舊識也因相往來款賓豐腆出示凍石一盒皆余數年前為貴人所刻者悵而問之則曰得于琉璃廠一物之微流轉無定可歎也陳公屬寫巨幅余方興酣揮灑筆墨淋漓忽一人科頭短衣憑窗諦觀良久曰名筆名筆視其人貌古而樸問姓曰梁何處人曰本城與之語曰蕉林相公是同宗否曰為從高祖某之高祖為清遠公知其名鋼號鐵庵庠生處境極苦而執藝事琢硯拓碑裝潢印書釘書之類皆能為之余心憐之未幾向余借銀五金余

曰何用曰夏衣在質庫中恍不能衣冠出入將欲取之耳慨然應之亦不謝也問其秋碧堂帖今何在曰此是吾叔祖野石公家物叔祖名彬曾爲固原州牧濟南紹興太守以性簡傲不諧于人久告歸欲得其帖必先往拜但其年衰從未答拜人即如宋公陳公至今有往而無來也因託其先導同候之公即出見年將七十意興飛揚善談而不合時宜俗人所云嶔奇歷落可笑人耶其後以庫宣二紙託鐵庵索余字畫聊爾應之未慊於意一日託鐵奔邀余飯曰此吾叔祖生平未有事也陪余同行公已候於道左執手歡笑而入鐵奔退去引余至一室圖書滿架古器羅列公之清閟閣也出古畫賞玩所見者四一爲黄鶴山樵花溪漁隱圖秋林讀易圖一爲松雪游魚浮藻圖天機生動躍躍欲活一爲雲林竪石叢篁圖公所最愛因以自號者墨光如漆氣韻蒼厚可見今之淡水枯墨而爲雲林者皆贋筆也

每一畫出公必親自携抱舒卷不假手于僕從曰奴輩觸手便有指痕吾所裝池皆吳門林臣山手豈可污寒具耶余心不安以觀止為辭俄見一客至公曰我子濟生作令江西宦況清濤每年所寄不出三百金家口衆而用度不敷本不能飯先生指其客曰適相好丁君饋羊肉一方聊共大嚼耳三人入座秫酒數行佐以蘇菜蘿湯麪餅秫米粥而已其樸誠可以風世故詳記之余因言前紙粗澀筆不稱手因以宣德紙再索余畫余臨大癡良常山館圖以應公大喜以秋碧堂帖為報冬初聲弇信來云將往保定屬余先行以俟而後同回廣平任所梁公吾以故曰歸途過此幸即來吾家當掃除蕉林下榻吾長物可暢觀而摹之也遂別諸公將行鐵弇以其清遠公所製玉劍尊聞雕邱樵錄冰川詩式玉忘弇歲朝圖一幅耕織圖一冊為贈遂至保定晤聲弇之叔敦一而止宿焉即戊子年留余過午節處也

聲夯至曰明春皇上東巡直隸州縣俱已派差永年陳公派得靜海之河洋莊尖營其人性懦寡斷且以初任恐誤事必得勤敏幹練者佐之先生可乎余謝不敢當公曰工程已遴汪友先生惟總其大綱催其趕辦陳公素所相好余已告之矣是不可卻且可自為尖營所需畫片地步已而陳公與汪友至諄諄相託因同至河洋莊作寓於徐公觀海家時徐作宦在外房室現空委員又有邢臺令徐公鵬起陽湖人衡水令陸公光鎮靈州人同寓一宅徐陸二公共辦尖營地盤陳公獨辦房屋汪友督其工程余晝則巡查督催夜則料理畫片三月而工竣

三十六年辛卯六十歲正月底聖駕已到駐蹕尖營一宿啟鑾到山東余從天津入都主酉峰寓中姊夫人大喜每日話舊事見其精神健旺余亦欣慰時靈胎兄之孫濱陶就婚於芍坡王公寓館將迎婦回吳芍坡以其年少託余同行應之時大姪兩

應京兆試薦而復失欲挈同歸西峰復留曰且待今秋之舉何如時當恩科會試西峰入闈余即辭别并告芍坡在靜海守侯仍至河洋莊三月廿八日皇上回鑾仍駐尖營故人寧國太守莊公經畬號研農之子肖巖與邢臺為姻戚時在寓中來謂余曰錢舍親知先生在此云亦有舊欲來此間作畫并備筆墨以俟蓋以天氣驟熱帳房中不能動筆也錢公即至公名維城號茶山武進人一揖外不及款語解衣入座出紙邊有密字一行云安福臚東夾道内畫一幅高幾尺幾寸幾分寬幾尺幾寸幾分交維城畫西湖湖心亭圖換張宗蒼畫余揣頃刻間而作此大幅如何結構公執筆咨嗟周視四圍若無下手處乃從四角略為勾勒有司負二人來見衣冠而出見于廂房繼復科頭解衣重執筆大局未就忽奉宣召審實顧其從者卷紙踉蹌而去計其時不過漏下三刻而匆忙若此因歎公以貴近大臣而因

於藝事且壽余前此之辭廌舉若有先見也濱陶舟至即行新孃出見禮意交篤心甚媿之舟中閒坐閒作一印濱陶見而心喜時亦提刀數日閒便得大膽落刀之意而未明乎篆因以陳恩孝偏旁點畫辨授之時桂林相國陳公宏謀予告回籍舟至南陽而薨前保定守吳公肇基被議遣戍卒柩船亦至功名富貴真同薤露為慨歎久之舟抵滸關濱陶回吳江余買小舟而歸十二月初三日為嘉秩娶婦廿四日又為嘉穎姪娶婦二兒亦自揚回小除為余六十生辰分歲圍坐而大姪復被黜未歸感念今昔作詩自壽

三十七年壬辰六十一歲正月自念三婦皆已娶歸余兄弟當分爨婦輩可以各奉其舅姑司中饋無所推諉因撥田五十畝開明一單與嘉穎嘉穎以單呈二兄二兄曰此田皆係汝叔所得辭不受余再三請曰本不敢與兄異產欲使後人無爭耳乃

許二月松太觀察鍾公光豫尊人曉號勵暇以進士起家禮部郎官績學躬行君子人也舊於淮上訂交是時來山訪余探梅話舊情好益篤留宿草堂次日暫余遊靈岩支硎留連兩日而别四月至揚適遇觀察於丹陽道中遇船候之計其爲尊江館甥時將三十年矣叙談至京口謂余曰家父平日相好惟先生在老人猶坐署中無可與語心常鬱鬱欲屈先生惠顧以敦老友相聚之樂快何如之如肯俯從當掃榻以待余以勵暇先生人品學問可爲物望第一因諾之公欣然赴江寧余遂從揚至其署先生歡然出迎曰前小兒歸道及雅意盼望久矣自此晨夕相依者半載而先生病纏綿半月竟歸道山老成凋謝因作扁聯以誄之遂束裝歸里已歲暮矣

三十八年癸巳六十二歲故人張孟雲汝霖號雨亭嘉定宮詹學士張公南華鵬翀之子也寄居於支硎山黄氏之山房其内

兄黃商佩芝崇明人素善六法以購買上沙陸氏之明瑟園來吳見余畫而愛之同孟雲過訪留飯約余往其家數日後同舟泛海而至崇明下榻於半畝園日出其畫相討論以為樂余因作畫數幅并作明瑟園扁額印錄為序以贈之半年而後歸

三十九年甲午六十三歲聞太倉故人金公鏞以部曹出為潞安太守擬訪之適友人劉景章之子崑源與其內兄畢韞山同赴北闈邀余同行抵濟寧聞好友前淄川令盛公百二號柚堂秀水人主於書院擔簦而入借榻以居次日往見運河觀察陸公燿號朗夫吳江人茶話久之而出又次日陸公即約盛公同飯問余遊蹤所向曰將往潞安公曰潞安古上黨郡其地高亢為天下之脊所過之地必由井陘獲鹿羊腸屈曲不可以車單騎登頓恐非先生暮年所能何不就此地盤桓如東昌太守胡公德琳號書巢桂林人頗風雅可作居停如以為然當為先容

柚堂與書業舊有審主之誼極口贊成謝之而出又次日龔公孫枝號梧生江寧人來訪濟寧牧藍公應桂號丹墀定海人亦來面約進署命其子嘉鉄同飯款待甚周盤桓半月出別陸公就道抵茌平路遇胡公見陸公書同至茌平之館舍申大父兄亦至申號塊亭有親誼而未謀面者飯訖即同行至濟南主其寓館談詩論畫意甚相得任邱學士李公中簡號文園時為山東學使邗江舊識也時相往來胡公事竣同回東昌主於依綠園東昌鄧孝廉汝功號午崖大宗伯鍾岳子時為館師飲食相共歡如故交八月胡公以無妄牽累破黜赴省質問舉家驚惶出署移寓鄧公問余去留余曰無事來相依有事即去不顧非余所能為也吾當暫往臨清靜候消息鄧曰能敦古誼甚善明日我當赴省候胡公余因作札託其致語臨清牧王公溥山陽人時以保舉入覲無錫友人秦西經震鈞方為州別駕河員也

商於胡公遂詳請就近暫署藩撫許之時余在署本有約故買舟赴之兩宿而至時爲八月廿四日清晨入其署秦尚未起直至榻所秦曰兩日心緒甚惡此間謠言有反謀云于昨日起事此時無所聞想可甯帖余聆其言錯愕久之既曰吾父吾母明歲皆八十乞畫一扇幅以祝之何如明日艸艸過中秋節時有所聞不堪入耳廿八日聞壽張陽穀棠邑三縣殺官皆有衙役勾結賊匪故得直入無忌劫庫放火沿途殺掠廿九日黎明有數人來宅門喊冤云是張師果庄人庄有東西兩村東皆王姓久係邪教西村人雜姓不從入教每多爭鬧昨夜大風雨大雷電東村人來村放火殺人逃命來此求救余曰汝村屬何縣曰屬棠邑秦曰何不到本縣而至此曰去縣遠而州近也命役押出城守張守備聞聲而至余曰此事非小二公當同去查看二君皆唯唯但遣兵役去則怯　至質而返二君遂多從兵役到村

果見民屋被燒被殺十八人見兇徒衣有血痕者執十餘人值棠邑官役亦至授之而回徐撫軍續來調臨清兵弁命副總兵葉敬領之赴東昌堵截葉汰其老弱者得五百人以往而守城惟所汰百人耳聞賊過東昌四門將攻城以關侯神顯靈不敢攻而過將據臨清為巢穴而直搗德州聲聞漸迫余曰目下當先保城可嚴守南門盤詰出入遂將東西北三門挑土填塞張守備坐守南門司其啟閉有范吏目謂秦曰有好友數十人皆土人而居城外者今欲入敢請納之余止之不可曰此輩是良是匪不可知門方一開而衆從者共擁入何以遏之能保其無奸細耶大慍而去又見張守備命人將轎出城曰欲接葉副將夫人入城余復止之曰此更不可副將衙門駐札會通河口本以防奸葉夫人身為命婦自當堅坐治所焉得妄入城而城外之人能獨聽其入耶張不從輿人出城為衆擊排而返又傳撫

軍在柳林大敗為賊所困奪我兵仗大炮鼓行徑犯臨清矣初
三日清晨秦曰事勢至此幸各自為計不敢強留先ゝ余曰兄
之定見若何秦曰惟拚一死耳老親在家不能顧及一子尚幼
惟君憐之言未畢泣下余亦不禁淚盈睫也問其家眷在城外
當何如曰昨遣人付銀二百兩與內人令其攜子速往天津運
使署中去余亦不能顧之也余見其意似奮不顧身因慰之曰
能辨一死必不死怕死必死傳賊勢雖猖獗烏集白徒耳當國
家全盛皇上威加四海臨清為南北咽喉漕運要地豈俾草竊
為潢池惟志堅必可為保障之計計援兵數日間可集吾之去
留不必計及兄可登城分陴守禦秦袖出銀數金置予枕邊而
出遂喚人肩行李將出戶而繩斷意甚懊惱閽人張二趨告余
曰南門已閉不可出矣民夫亦散去余轉倩竈養負行李出州
署前街汪四哥家汪仁和人相好若兄弟奉其母與其弟十三

兄十四兄寄居於此其屋一門兩宅居其東而空其西余遂入焉汪夫人之壻黄挈其子來探視與余同室忽見秦與鄭友亦來其家曰署離城遠往來不便移此辦軍需余自忖曰事有定數想其畢命於斯矣又吪傳賊有妖法能呼名風雨婦女能馬上飛刀斬人余不之信曰此必賣解繩伎爲賊所擄無聽流言自亂心曲也德州參將鄔公大經長安人今爲提督勇而多謀屯營于城外葉副將登城拒守守城之具略備驅生監居民上城吶喊以助聲勢薄暮人聲洶湧曰王倫至矣四望火起炮聲轟轟果有婦女數人首懸小幟皆褋色左手持棍右手持刀口咿瀀不絕彼此嬉笑凡賊所爲率類小說鼓詞于攻戰之法一無所能不過驅略人全繞濠邊而已久之炮聲不絕向空震而不及城蓋不知文砲有法也而城上放砲聲之每一發呼號隱隱半晌不知其爲賊爲民也鄔公提兵衝突賊遂退屯于汪家

之大宅聞汪之先有名灝者曾任河南巡撫居室壯麗其後人不能守退居鄉村屋空賊踞之晝則縱淫樂夜光火持仗攻城輒天明而散如是者五月初八日聞臨清華卒李二投降載火藥兩車名曰鳳凰轉翅陣城上預計防之抵暮果見兩車人扶而至將近城投火果燒之火藥迸散赤燄騰空賊復縱兵衝擊賊退去從此不敢復出而城中儲備已盡米麪芻薪皆隔絕不得入秦屢縋人蠟書告急求其進兵而終不至其抵稟云云殊堪齒冷不敢道也已聞官軍四路至近縣各以糗糒接濟廿一日舒中堂赫德帶領禁兵至屯南門外為大營賊益困廿三日縱火焚汪屋聞王倫死于火而賊首萬為和尚李二五靈聖母等七人先檻車解京而按戮餘黨行刑者手為之疲而秦已奉特旨即陞臨清州舒公以其為河員出身民社之事恐未諳練具摺入奏臨清以殘破之餘必須幹員整頓請以秦某知州職

衛暫署縣印觀其後劾得旨先行舒公班師噫倉卒之變未及一月而人之死者無算屍浮於水相蔽而下河中久無行船至十月十日守關者告有大艦從衛河至余即上船中有二人一姓錢無錫人一姓朱吳人爲吾姪婿而未面者錢與秦爲甥舅因同至署一飯別去余于十一日別諸公登舟時囊資罄盡舟至東昌向申大文兄借銀五十兩時龔公梧生爲東昌司馬一候而別至濟甯侯盛公藍公陸公陸公置酒相慶曰此番被困皆吾罪也余笑謝之遂別到家值先人百歲忌辰延聖恩寺僧資冥福亦以自懺云

四十年乙未六十四歲聲斧沈公 以廣平太守陞任延建觀察奉調清河正月探梅來草堂鼎談半日語余再來保定以續舊好一飯而別二月束裝前行仍由濟甯陸行至值公出巡不入其署仍主慈幢精舍慶雲師見余至大喜仍掃舊榻五月公歸

邀入余辭以在此度夏秋涼進署何如公唯唯曰將有大差差上所需畫幅正可藉此以消永晝時山長韓門先生已辭歸主其席者為無錫薛公田玉號璞庵舊好也而趙公廷棟尚未遷官余於揮灑之暇時相過從八月入署冬閒朗夫陸公以陞任東臬陛見回至保定沈公告知明晨出候相遇於途同至蓮花池與薛公話舊留久之約余後晤而別是年長孫女生

右吾吳高士徐鋆圃先生行年錄也先生幼即穎悟立志窮經不屑習帖括舉業之時使有能詩聲家瀕太湖穹窿縹緲諸峯煙雲變幻時在目前遂工丹青專宗大癡兼工篆隸又善治印藝事超絕為有清一代有數人物先生生於清康熙五十一年壬辰沒於嘉慶三年戊午壽八十有七是錄止乾隆四十年乙未六十四歲當即是年回憶之作其間遭際之豐嗇舟車之所至以及學藝之精進大致甚備惟此後二十三年中墨妙精萃集印希古往來南北交游益廣惜無續記展卷至此能無遺憾倘從煙墨著錄中略可搜摭皆補證

一二爲如丙申二月與朱笠亭珔見於都門，夏五偶過洪洞申子於平陽郡齋，爲寫小照，神情並到，自取秋雪翁清蔭圖意，補叢成松蔭趺坐圖。秋閑攜以入秦，時畢秋帆沅延撫陝西，往游其幕。丁酉重九曹習庵仁虎同客青門，即署爲題。夏山煙霞長卷，即送南歸。戊戌赴濟寧陸朗夫燿署中，時朗夫開藩濟南，新安曹竹墟文埴奉使臥山左，每獲相見。己亥夏五北游上谷，主直隸總督英夢堂英廉署，也題自畫卷軸。癸卯再入畢幕，獲交王蘭泉昶、錢十蘭坫、洪北江亮吉、嚴文友長明諸人。甲辰三月由秦東歸，介休大尹法讓庭素交也，聞而見招，紆道訪之。九月望前，既自介休踰太行，循開封，歷亳州潮臨淮，渡江而歸。書於有道碑。乙巳至楚南依朗夫，朗夫已擢延撫，惟貧且病，有每食無魚之歎，先生盤桓不忍去，卒護其喪而歸。湖海詩傳。丙午秋帆已遷河南，五月遊至大梁。己酉仲夏，小住章門，與翁蘇齋方綱、陳冶泉樹華輩論詩譚藝累月，游鄴東歸。庚戌夏，漫游湖上，以舊作秋曉圖乞梁山舟同書題記。辛亥以後，息影衡門，與弟子許昆舟兆熊、倪昇華讀于湖上耕漁軒，往來皆知名士。是冬以詩集乞王西莊鳴盛作敘壬子孟夏又乞李耘圃绝序之甲寅年八十三矣四月詩集編定自序以見生平之所遺又以覘性情之所存先生後來行誼可攷者僅此鏡圃詩鈔中尚多補苴之資惜其書罕覯無以覓讀且僕異日所著西京職官印存則章近經坊間景印殊廣其傳矣據墨著錄者為晃舟所輯先生書畫附著名家題識及先生所著所刻序文寫梓甚精成於嘉慶二十二年孫之佑字守拙保字小城亦工篆刻精收藏與晃舟相契皆與沈文起欽韓友善故乞文起序而行之也是錄原本兩冊疑是先生手稿首有欽韓書讀小印皆經朱筆刪潤閒標欽韓按語可證前年書友王晉卿借吾傳錄即依沈校改正寫定茲付石印為藝林添一掌故先生清高絕俗獨來獨往允足為百世之式豈僅以藝事流傳千古哉中華民國三十二年一月

邑後學匋誃顧廷龍謹跋

舄舟话柄

【清】許兆熊

覺舟話柄

合衆圖書館叢書第八種

此書承禮競龕主人捐
資印行中華民國卅二年
五月合衆圖書館志謝

鳧舟話柄

吳縣許兆熊

為石香臨王廉州鑑山水

掃地焚香閉閣眠簟紋如水帳如煙客來睡覺渾無事捲起西窗浪接天此坡公謫黃時詩也董文敏每借其詩意作畫曾仿趙千里法寫贈染香庵主染香庵主者王廉州鑑自號也染香又為其妹壻號雲客者臨文敏本今為木瀆周氏所得守拙攜來相賞漫臨一過參用文敏廉州兩家筆意不識合法否辛未九月十有二日書于池上草堂

書省軒長鉏卧遊小影

妹壻金君省軒性耿介寡交遊魚蟲花鳥之外無所嗜好獨於蘭蕙有癖好時吾吳方尚蘭蕙花有品格則賈無底止就余所見聞者如木瀆秦氏之梅瓣每箭葉價須白金千兩識者尚嫌其香不大不能稱官官種也官官種者花市語言花之品格色

無不入妙者為官種官官種者出於官種之上所以疊言官官也滸墅關之萬和梅辦品格俱妙矣色黯而黃非絕品也一箭葉亦須白金百兩一草之價至於如此實亘古所未聞故非大有力者不能辦然此就花之入格者言之若尋常蘭蕙值仍廉鬅鬙一盆五六矢花五六十錢多至百錢亦可以置諸案頭把玩的日矣省軒家既貧而不是之好獨好夫入格者聞人談湖州紹興甯國新安產蘭諸山春夏之交青蔥滿徑清香襲人深巖邃谷遍地皆花每思裹糧往若無資嘆曰安得二十金助我行囊我將擔長柄鋤遍一遊覽得天下第一佳種歸置我蓬牕甕牖間不為勢取不為利致平生心願足矣惜終不能行今年夏倩陳君玉行寫是照囑曹君可伯補是圖以作卧遊且曰為他日訪蘭張本噫天下事無大小每不能盡如人願我恐即有其資亦不能行或行而不能遂其欲更增一番懊惱反不如斯

圖之張諸素壁不以作圖畫看即以作真實境觀誰曰不可着軒曰善屬余書其說於右方時嘉慶十有六年歲次辛未秌七月二十有一日書於池上之延年樂石齋

書守拙臨莫廷韓林亭小景後

守拙於八月二十四日自亦愛廬歸以所臨麓臺法叔明篁邨法巨師南田衡山畫梅竹與此本法廷韓屬評甲乙每觀守拙臨古人畫過求形似非失諸筆即失諸墨又嫌鋒芒太露轉折滯鏡望而知為臨本從未見如此五本之天機清妙水暈墨華得解衣槃礴之趣無刻劃臨橅之迹者讀之令人生妬古人三日不見刮目相待今一月不見無怪老眼一時竟無從位置處也以余觀之法巨師本為第一次者法叔明次者法衡山南田兩本是作高簡蕭疏深得元人小品神髓當與法巨師本並論一以學力勝一以天分勝頗難甲乙也即向守拙一齋乞得法

二

巨師者懸池上艸堂是幅裦就當挂且喫茶軒朝夕相對以挹清芬因憶二十年前與守拙學畫時日承覲園公訓教無微不言今守拙已大熟丹成不愧家學僕懶於學又連年多故無緒及此孤負良多書以志愧二十六日早起書於脩竹山房是歲歲次辛未即與守拙昆仲在池上課繆篆之歲也牽連及之并記文契之密

書守拙為竹堂畫

觀守拙畫分明看有名梨園演雜劇一齣戲文登場便有一齣戲文之情致如余今日乞得之仿巨師仿廷韓便是巨師廷韓此本仿叔明便鑿鑿是叔明真老腳色也然此全從學力中得來所以能形神兩得若一味依樣胡盧豈能如是之中規中矩水暈墨華乎竹堂其什襲藏之

書碩成集石契齋印文冊後

表弟碩成學課繆篆無由入門來問途於老馬此雖小技始自嬴秦盛於兩漢最為古學非三言兩語所能了事時適與徐君守拙小城昆仲在池上課印此皆二君與僕所課印也雖未必堪為師法然或一二十年或七八年推摩而得勿易視也今碩成頗會此旨裒冊貽余喜而書此他日碩成學有進境我再當以所藏秦漢印譜為贈此時且說不到者箇處也

書石香澹友評花圖卷

僕性僻寡交遊平生往還者守拙小城昆仲而外數周子石香今年夏僕遭喪子之痛承三君子過從慰藉討論繆篆互相課印僕因得藉以遣情未致離群之歎誰謂古今人不相及哉兩月間集印成集題曰石契志高誼也每想倩傳神高手寫僕與三君子為一圖即名石契懸池上堂中使翻手作雲覆手作雨筆硯而寒心山中無工斯藝者未克圖成昨石香過我以所寫

濬友評花圖屬題圖中設菊花數盆前憑石椅而坐者爲石香逸則守拙也石香與守拙本至戚總角時即傾投契戊辰歲館守拙於亦愛廬評書品畫相得益歡年來復於逸園蓺菊累數百本秌風花放尊酒相對怡然自得四五年如一日也石香之意豈亦惡夫世之傾肝膽交者往往一言不合反面如寇讐故借評花以言相交之全在乎濬而寫是圖乎故亦屬他人而先屬僕乎若是即僕欲寫石契圖之意也即以此圖爲石契圖之半幅可也守拙於莽月之亦愛廬寂寞中小城不時過我品評印理每至午夜而太僕因仿奧也小景寫茆屋三間中坐二人篝燈相對名曰池上品印畵畵邊即印小城與僕課印亦石契圖之半幅也分之則評花也品印也合之即石契圖也僕之石契與品印意不在石并印知石香之評花當亦不獨在花也故于菊花上不著一語圖爲丁君紹元寫照曾君堪布景卷中僕

未署款代為記也

書笨齋所藏楞伽山人草書卷後

楞伽山在吾郡城西南十餘里一名上方山唐張祜上坡松徑瀏深坐石池清句為此山賦也辛未九烁笨齋居士以楞伽山人朱清華草書張少公與顏魯公論書十二則長卷見示屬余題記朱君姓名既無從稽考書法又素未究心無從下筆因摭拾山志幾語省曳白耳

書吳介菴嘉枚山水卷後

畫得如此幾筆畫書畫譜中尚不載可見一才一藝之欲其傳名於後世也難矣笨齋居士既裝池成卷後請意香毛君作跋且題額可以傳矣其功德有不可思議辛未九秋延年樂石寮主兆熊觀於池上草堂因記此

書忘庵畫石卷後

四

每觀忘菴老人畫自有一種清潤之氣此卷覺少異笨齋居士精於賞鑒定爲真本諒必有據僕豈敢以管窺豹哉

書西室墨華卷後

笨齋居士精於鑒别久欲一叩雲林清秘之閣懶惰性成未得也辛未秋九月五日以所藏介菴山水忘菴畫石楞伽山人草書并此卷寄我池上草堂且命題記僕少失學又居山邨僻壤間見聞不廣此道何由得知不欲方命每卷各書數語訖復詳記歲月并同時所觀諸卷於此以志欣幸且使他日或得奉訪飽讀秘笈時即以此四本爲鼎上一臠可乎二十有一日書于延年樂石寮

題守拙臨思翁山水

此幀思翁原本上有眉公題云杜少陵云高簡詩人意此雲林畫所自出也思翁此圖深得雲林三昧今觀守拙臨本蕭疎澹

遠亦可謂深得思翁三昧

書先王母祭文冊後

此祭先王母文也文為業師沈雪舫先生撰徐瑶田舅氏書借名諸鈞心侍讀者按侍讀之王父為高叔祖允文先生壻允文先生與先高祖考同曾祖弟兄時親串中侍讀爵位最崇故用以光寵也雪舫先生名誠字秉虔嘉定人己酉拔貢少時有神童之目相傳讀四子書日課一冊贅壻於迂里之李氏時館余家課兆熊讀先生輓先王母聯句三年下榻聞懿訓一夕仙遊失女宗紀實也今先生下世已二十有一年矣瑶田舅氏名嘉秩字錫穀精分隸書為外從祖緦園先生之子與先君子最密今下世亦二十年矣追思王母在時三代一堂家庭肅穆去今二十六年死喪接踵骨肉彫殘僅存七旬老母四十鰥夫相依為命展讀此文追思疇昔痛心慘目殊難為懷也辛未夏日將

五

此文割裒成冊因記如右使他日覽者得有所考七月八日兆熊謹志於池上之延年樂石寮

為守拙臨周花谿荃水仙茶壺

水仙方入座秋片亦登壺食息清香裡詩情自不枯此周觀察荃自題畫詩也辛未十二月十日客以歸余愛其古致歷落以番銀錢二枚購得之將以贈靜軒周君守拙見而欣賞不置一物不能贈兩知己也因鉤成此本鐙下復加點染并錄原題以貽之殊愧唐突也

書畫古檜贈小城

五六日前客以文待詔為五湖湯士寫千巖競秀萬壑爭流卷見眎中有古檜二本青蔥古茂夭矯離奇雪牕兀坐想像成此明日小城過我見而偏賞因記此以贈之是日辛未歲之冬十二月二十日也時方与守拙小城昆仲擬課古印名曰歲寒集

將成冊矣即以此本為歲寒圖可乎

自書畫卷後

守拙自香水谿上歸以瓜疇畫卷見眎贋作也其用筆用墨之惡有難以言語形容者云已為好事者以萬錢收入質庫矣余於此道棄置已久閑之不覺興發即截此紙仿其邱壑大意剪燭三寸而就皴刷一仿北苑自喜清潤可觀倘署款董源安知不有精於鑒别者一時定為真本以重值購去什襲珍藏者乎雖然人不患學之不精而患品之不立考瓜疇為有明高隱梅邨祭酒畫中九友詩云風流已矣吾瓜疇一生迂癖為人尤童僕竊罵妻孥愁瘦如黃鵠閒如鷗煙驅墨染何時休讀之可以想見其人矣至今片紙隻字人爭寶藏之誰曰不宜而好事者更不問真贋一例收羅以示賞音殊可歎也吾與守拙苟能使聞望有加安知百年後不亦好事者廣為收貯乎不然一才一藝

六

恐無足恃也守拙其許我言否旹嘉慶十六年歲次辛未十二月二十三日立春節日之夜半書於修竹山房

致守拙

昨鶴坪來云有大賈將攜千金至河亭橋金氏買畫頃間已約心老公矣僕自信此中久有把握外魔不能侵撓不知如何聽到者箇處一時便把握不定始知世之惑人者莫如女色而此物之惑人正勝於女色也因將所度所觀諸件逐一推想中間價高者不必想品下者不必想惟石田子畏兩本最為精美今將為有力者致去甚難為懷爾因即託鶴坪致意心老他日看時此兩件且為我留之價值所不論也刻知鶴坪已說過心老亦應允看來有幾分屬我矣從前和靖以梅鶴為妻子倘然購得僕亦何妨妻子之耶如定見後有所藏廉州石谷諸件為我售去以抵此款即我田家換牛一法也妻人以妻子人以子仁

者所樂為況至契如足下鰥獨如僕者豈有不為我竭力一謀耶且喫茶軒格紙收到今第一次涉筆便是如此一大段公案不識與趙州之義是同是別叟望開示

為守拙小照布景題識

癸酉長夏守拙以顧君魯望寫照屬補圖為寫清池皓月峭壁停雲與稚抱當有默契綠蔭中叟設壺觴清供得不益首肯乎

書所臨湘蘭畫蘭

癸酉夏六月二十四日客以馬湘蘭畫蘭菊竹石見眎適案有則理戲仿成此但蘭不與菊同花也守拙曰是四季菊信然所以枝葉下垂無凌霜傲雪之致耳池上延年樂石寮主寫於石契無時雷雨初過清風徐至與守拙追涼情話意興頗佳故筆下亦不俗

書所臨文衡山古木高閒圖

癸酉十一月五日客以書畫來賞是日適與守拙小臧昆仲編次石契齋印譜二年之間四人所課得千有餘印印成六十部得一萬一千餘頁一時齋中几案排疊幾滿迨印集編訖方得展卷品騭時已夜半矣中間衡山畫古木高閒圖布景精妙用筆秀潤欲精臨一本因約守拙明蚤過我共相橅仿此塗彼抹盡一日之力墨本僅就明日復加皴刷賦以青綠點染未竟石香招觀石田翁老格圖石谷為繡谷作蘇齋圖八日同守拙買舟往夜歸點染畢守拙屬書款為贈因記之是幅墨本守拙居十之八設色則余所獨辦雖出自兩人手而氣韻渾成絕無湊合之蹟亦可以無佛處稱尊矣

以半農逸園雙壽詩贈安拙題識

安拙表弟暨表弟夫人四十初度無以為壽因檢得惠半農侍講逸園雙壽詩一軸奉贈詩中知命知非句正合僕與足下往

昔談心大意也書法遒勁不似所見半農手筆當是其門人王君文山所書文山名岐字斗文書宗唐宋尤得力於李北海徐季海兩家人品修潔自好淡于進取為鄉里所稱見府志

楊廷軒索得守拙畫跋

楊文廷軒乞得守拙山水命余子洽知屬余題識守拙畫全從學力中來於古今諸名家無不臨仿是圖層巒疊巘水榭松風點綴極精妙蒼茫渾厚深得尊古蕉翁遺意為可愛也雖然此尚是五六年前之作嫌有執着處今則久無是病矣吾將為君索其近作之佳者奉贈僕再為君作佳跋

書顧禹功畫冊

右冊十頁無款記以筆法設色觀之當是顧禹功先生所作無疑也禹功名殷長洲人張大緒題其山水云雲磥砢無圭角古樹欹斜卻渾圓細著筆端諸法備分明指點十年前又弁顧云

美先生善所用印記皆云美先生所刻甲戌秋七月中旬檢點長物漫記數言將以質之守拙以為何如

書煙客夏山欲雨圖

此王奉常煙客先生所作記款字是王廣州所書石谷名印乃後人妄加耳甲戌秋日檢點長物特為記出識者當不以余為強作解事也

右晃舟譜柄吾吳許晃舟先生兆熊所著先生為徐絸園高弟工書畫兼善治印好收藏兼精醫術家於光福築池上艸堂沈欽韓為之記養魚蒔菊與諸名流觴詠其中著有兩京名賢印錄東籬中正晃舟詩稿樂飢子饒又輯有許氏巾箱集行世子賡颺字鶴巢清同治三年舉人與王頌蔚葉昌熾交善此冊即昌熾所錄存者比從潘景鄭內弟假得錄副先生嘗輯其師絸園煙墨著錄寫刻精緻令不易覯本館適有石印絸園餘冬錄依之譜因以洛柄一本並墨諸版稿廣其傳俾師弟著述互相輝映亦足觀

寒松閣題跋

【清】張鳴珂

寒松閣題跋

合衆圖書館叢書第九種

此書承禮髡龕主人捐資印行中華民國卅二年五月合衆圖書館志謝

寒松閣題跋目録

書跋

金石雜跋

書畫跋

寒松閣題跋

書跋

清嘉興張鳴珂著

自書國朝七家詞續選後

咸豐乙卯得孫月坡先生七家詞選秘之篋衍四十餘年矣偶遇同志出以相賞江山劉彥清長洲潘麐生仁和譚仲脩皆録副以去去夏逭暑秋涇遍選近人詞又得數家合鈔一冊攜之江右日置案頭涇縣朱劭杣見而愛之遂付削氏介存齋之論詞云詞小技也以一人之心思才力進退古人未必盡無遺憾予深有味乎其言而未敢遽以自信也請質諸海內之工倚聲者光緒二十有四年歲在戊戌春二月旣望

跋煙霞萬古樓文

咸豐辛亥予抱幽憂之疾從秀水嚴氏借得王仲瞿先生手錄未刻詩十餘冊時文二冊讀之渢渢移情沈疴漸起神游目想

如與先生晤對一室直不啻枚生之七發也因錄其詩百餘首後為川沙沈韻初同年攜去未及付梓遭亂遂失時文二冊鈔存篋中以原稿歸嚴氏庚申之變蕩焉無存去歲將仲瞿文排比擬付剞劂卒卒未果涇縣朱幼拙部郎見而善之力任槧刻遂付手民因歎仲瞿作此迄今幾及百年爲人鈔存珍祕亦近五十年而始克傳世文章之顯晦非偶然也惜其詩之傳於世者僅汪小韞選錄兩卷爲頤道堂雕板今亦不可多得矣刻既竟因敘其緣起如此光緒二十五年己亥三月梅

跋煙霞萬古樓詩殘稿

余既錄栞煙霞萬古樓時文風行遠近索者紛然秀水范君雯茁見之乃出舊藏詩稿一冊寄余楮墨霉爛首尾斷缺案其字迹稿係仲瞿先生手筆其紀年爲乾隆戊申己酉庚戌之作時先生尚未舉孝廉而近游江左於越間也內有石颿樓一詩似

乎碧城仙館刻本亦有之餘皆不甚經見細斠一過特序稍肴紊亂不敢更正仍依原書録出亟付孚民以廣其傳題曰殘稿紀實也光緒二十有六年庚子春二月十日

跋正誼書院學規

周敬脩先生論養士以實學爲貴鄭丈師承有自復申之以三要三戒訓迪多士藉以自鏡其得力於小學近思録者深今子班徒別駕與鳴珂同視榷饒郡相隔一衣帶水風日姓孅當櫂扁舟相過從因得拜觀十讀三復悚然起敬謹綴數語以志高山仰止之意光緒庚子夏五

跋吴石潛古今楹聯彙刻册

楹帖每聯二幅易於散佚今人喜購古人墨迹懸之室中胥董家得一舊聯往往居爲奇貨石潛仁兄留心采訪自明初以迄近人得三百餘聯縮印成帙壽諸貞石其中孫忠亮節鴻儒碩

彥以及方外閨媛無不畢具集藝苑之大成爲臨池之秘笈後有續楹聯叢話者當增一段故事余將歸秋涇得覩斯冊十讀三復歎觀止矣光緒甲辰七夕

二金蝶堂尺牘跋

趙撝叔同年嘗游閩中與魏稼孫論金石之學最相契合後官豫章猶書問不絕也小舫觀察得其尺牘愛而付諸石印以廣流傳予在江右時與撝叔書札往還亦積數十通安得附驥以垂不朽試質諸小長蘆主人爲何如光緒乙巳孟陬

俞曲園先生春在堂隨筆稾跋

曲園先生著作等身隨筆一卷未見付梓其稿本今爲似颿陳君所得什襲珍藏出以見示予於咸豐辛酉偕戚潤如同年謁先生於虎上爲予刪定詩卷書法亦用隸體蓋仿江艮庭尚書之法習流也其後相見西湖嘗書小篆一軸證之卷中封面不

爽豪髮則此卷皆先生用意作也似颿若用泰西石印法付播人間亦藝林快事幸勿祕之爲枕中鴻寶也可光緒丙午春三月

跋從古堂款識學

同里徐籀莊先生爲清儀老人外甥研究金石之學釋古文形義舉證經史時有心得著有從古堂款識學同治己巳會稽趙撝叔大令客都門覓得一卷攷釋周號叔大林鐘無專鼎諸女方爵史頌敦頌敦史頌槃曾伯霥簠漢建昭雁足鐙爲器凡八刻入叢書今仁和吳君伯宛從姚鴻史處購得全書十六卷係籀莊之子穀孫所繕而銘辭皆仿原文洵瓌寶也伯宛將付諸石印以傳當與近出嘉魚劉氏吉金文述並垂不朽矣光緒丙午冬十月

跋許侍郎尺牘

竹篔老友論交四十年而遺誣陷於拳匪之亂生平著述燬失殆盡寄余高夫人哀辭一篇已選刻國朝駢體正宗續編中今夏其戚盛君洴旨於朋好間借得往還書札印以壽世安石碎金亦足千古讀是編者其有高山仰止之思乎光緒丁未夏五月張鳴珂公東甫時年七十有九

書西漚詩稿後

咸豐癸丑德化萬文敏公視學浙中蒞禾校士予與鶴儔丁君同補博士弟子員始相識盈盈一水竹訊時通旋聞謝世不勝山陽鄰笛之悲忽忽已四五十年矣今歲偶讀萬毓珊同年傳樸堂遺稿有與鶴儔倡和之作因馳書往詢稚威年世講向其家中索得西漚詩商稿二卷經朱小雲俞芷彬諸老輩鑒定而選擇謹嚴皆卓然可傳之作爰慫恿其付梓以垂不朽至其詩之閎深雅潔朱俞兩先生已詳言之矣茲但述其緣起如此光

緒丁未秋七月愚小弟張鳴珂時年七十有九

金石雜跋

跋官印彙存册

鳴珂以選拔貢生納貲為縣令光緒三年分發江西六年奉沈品蓮方伯保靖檄委署奉新縣事九月初一日接印七年閏七月初十日交卸十四年奉藩侯方伯瑞璋檄委代理上饒縣事七月初二日接印九月二十八日交卸十六年奉方佑民方伯汝翼檄委署德化縣事閏二月十七日接印十二月奉調權義甯州十七年六月十三日交卸德化篆八月二十六日接義甯州篆十二月二十日丁母憂十八年二月初十日交卸服官十有六年歷任四州縣兢兢業業勉圖報稱彙存官印垂視後人

壬辰四月二十日記于章門蒲萄架寓廬

光緒二十年甲午三月二十日服闋赴復五月十五日回省於

月二十五日奉方佑民方伯檄委署義甯州事七月二十九日接印二十一年六月初六日交卸二十二年正月乞假回籍倚墓二月十八日領德靜山中丞給發執照三月初七日行抵嘉興僑居城南報忠坊徐家埭陸太常第蘇翁記

義寧州印信攷

國初官印承明舊制已不得見得見雍正間文曰寧州之印四字直行左有清文楷書四字分兩行乾隆間文曰寧州之印分兩行左有清篆四字亦分兩行嘉慶六年以州人士助平逆匪知方向義賜名義寧更鑄印文曰江西義寧州印分兩行左有清篆六字亦分兩行咸豐五年五月初九日粵匪陷州城知州葉濟英死之印遂亡失七月十四日浙江寧紹台道羅澤南克復州城布政司頒發木質印文曰江西義寧州知州印八字篆文分四行無清篆同治元年正月署知州田懋厚以木篆印信

模糊稟懇奏請補鑄旋奉發木質篆印文曰江西義寧州印六字分三行無清篆二月初六日開用三月十三日巡撫沈葆楨附片奏請補鑄經禮部覆奏云查定例各州印清漢文垂露篆銅質直鈕方二寸三分厚五分又內外各衙門遺失印信另行鑄造頒發者於新印中行加添字樣以别新舊今江西義寧州印查係初次補鑄除式樣大小厚薄悉照舊制外其清漢篆文正中或加添清字楷書年月抑或用清字官名之處謹繕模進呈伏候欽定九月二十三日具奏本日奉旨江西義寧州印用清字年月欽此二年二月鑄成六月初一日頒到署知州鄧國恩祗領初四日開用文曰義寧州印四字分兩行左有清篆四字亦分兩行中有清文楷書一行左邊有同治二年二月日右邊有同字四十九號背有義寧州印禮部等字左有清文楷書兩行至今遵守云光緒二十年歲次甲午冬十月初三日署知

五

州嘉興張鳴珂記

記玉律

我朝乾隆六年縱黍校準工部營造鐵尺之八寸一分合周度一尺二寸律中中呂其長縱黍之八十一衡黍之九十九四分損一適符黃鍾九寸之數江陵鄧氏藏有長安銅尺漢元延二年八月十八日造較以周尺得一尺五分小述仁兄官藩掾二十餘年昔歲乙未冬十一月十三日詣庠收放畢庫吏出玉尺二方求售溫潤縝密赤光爛然愛而購之攷居易錄漢章帝時冷道舜祠下得玉律以為尺與周尺同因鑄為銅尺頒郡國謂之漢尺此即世所傳建初六年造慮俿尺也其製當減長安尺五分方與周尺吻合小述所得殆即周之玉律希世之珍恨未一見小述今官玉山令他日或借他事詣信州請賜覽觀當出周尺度之庶可證長安尺之真偽及兩漢制度之異同者也小

述以爲何如光緒二十有五年秋八月

跋梁摹宋搨樂毅論

予嘗疑樂毅論結體平正與黄庭經曹娥碑東方畫贊大相逕庭以之摹寫試卷則甚相宜今觀此本始知梁摹宋拓之可貴停雲敘所刻乃唐人臨本已非廬山真面況轉相摹勒耶此本第十一行使字今作致第二十五行後字今作從燕字四點連飛於字兩點蟬聯皆與俗本不同可寶可寶光緒戊戌四月獲觀于寶燕齋

跋翻刻一白堂定武蘭亭

此帖確係翻刻以原本較之第一行永字第三筆有帶頭六行坐字中豎絲字右旁均欠自然八行和字口旁亦有異十六行惓字末筆鉤轉十七行隨字末筆縮進慨字末筆太硬二十一行攬字右邊稍寬不免有虎賁中郎之别伯謙先生精於鑒賞

當不以予言為河漢

跋瘞鶴銘

昔歲癸巳出都至滬乘兵輪船溯江而上抵潤州喚渡游焦山尋鶴銘文字磨泐不能卒讀今覩伯謙此本神完氣足雖有缺字而楮墨純古非宋以後所能拓也前有馮子良先生題簽足為印證光緒己亥四月

跋天發神讖碑

天發神讖碑王蘭泉司寇金石萃編云在江甯縣學今已燬於火姜胡宗師跋中缺字用小字旁注此本均完善至善字作能筆畫尤明顯想司寇所見有缺字而以意為填注者也猶有作尤有疑原誤細案楮墨確係舊拓當出萃編所載之上伯謙其寶藏之

跋良口義學記

孔子曰十室之邑必有忠信言天之降材不以地限也良口爲吉安郡之一隅明季吉安科目之盛甲於天下今則既庶既富而顧可不教乎哉通州張明府學優而仕所至以興利除弊爲己任視榷良口既築江神之廟而又拳拳於孤寒子弟爲之設義塾而教誨之讀其碑記文簡而碻書法亦遒練一經勒石尤圓渾筆致在石庵覃谿閒迴環捧誦不覺口沫手胝而不能自已也

跋雙鉤大字顔書麻姑仙壇記

此道州何蝯叟藏本也帶經堂集載顔魯公麻姑仙壇記大字末云奉議大夫建昌府知府羅伯達重建蓋舊石燬後重摹勒石已寖失其真矣明藩益王曾訪宋搨本命良工精刻函之邸中此二種今皆無存以王蘭泉司寇之博雅而至江西竟無從訪得而況原搨耶此本全文完好惟并字少泐其爲宋拓無疑

吾友洪君雨樓留心文獻出守南城有惠政舉卓異戊戌之夏奉調入覲道經豫章其哲嗣幼蓮在朱幼拙農部案頭見有雙鉤本遂假歸延汪君萃川用油素仿摹一通不爽豪髮雨樓謀鐫諸石屬記緣起將見千年名蹟復彰於世後之過南城者益當頌賢使君之甄綜靡遺焉光緒辛丑冬至

魏司馬景和妻墓誌跋

司馬景和元興之子名昞字景和本傳但書景和蓋以字行者稱宜陽子襲父元興之爵耳夫人孟氏題中不著姓此見于文而略于題也五男三女不詳其名攷景和墓志並男女之數亦略之古人之文簡類如此

魏司馬昇墓志跋

王蘭泉曰碑稱曾祖祖但書爵官而不書名與高湛碑同是當時誌銘之一例縣令辛而書薨是不拘於公侯之稱薨者矣銘

詞永辭白石萇歸黃泉段萇作長古茂可喜

焦山無專鼎跋

光緒癸巳秋自京師還湖大江赴豫章道出京口游焦山摩挲古鼎神采黝然昔顧亭林先生金石文字記引朱竹垞之言曰鼎銘其人莫攷後葉九來遇竹垞於王阮亭所謂之曰銘中有司徒南仲即其人也昌云莫攷遂定為南仲鼎無專二字原釋世惠然以銘詞讀之南仲右無專當作無專為是惟原釋格作如廟作丙子燔作烝無專作世惠入門作僉朕剌工字作烈孰是孰非當質諸博雅君子芝閣好古多聞必能審釋異同以資攷證甲辰夏六月

陶陵鼎跋

漢篆體方而瘦勁略變秦制此與三斗鋗金[illegible]盧鴈足鐙字迹相近按漢陵廟皆有廚三輔黃圖昭帝平陵有小廚好畤鼎云

好時共廚三斗銅云長安共廚此云隃麋陶陵共廚是其體例
芝閣精鑒以為然否

跋義楚鍴搨本

光緒戊子夏四月江西高安農人熊姓在城西四十里清泉市旁近里許漢建成侯墓山下田中掘得古鐘鐸大小九鍴三門下士鄒殿書觀察淩瀚悉購歸鐘無款識鐸有郐王義楚字其篆法與沇兒鐘如出一範予以墨本寄潘文勤京師文勤愛之明年正六十鄒生遂寄以為壽三鍴銅質湛碧瑩澤如玉一曰郐王戊又一曰郐王義楚又一缺脣曰義楚之祭耑鄒生即以奉予予用銅管襯合之耑亦作鍴鍴音端鑽也按說文巵部鍴小巵也此殆媏巵作耑而假借作鍴非真訓鑽之鍴明甚其義與儀通左傳昭公六年徐儀楚聘于楚楚人執之逃歸懼其叛也使遠洩代徐杜注儀楚徐大夫今以鐸耑兩銘證之實郐王

非大夫也嘉魚劉幼丹廉訪深韙鄙言采入所著吉金文述中今以質諸芝閣爲何如

東魏武定八年杜文雍造象跋

河南古洛陽地伽藍之盛甲於寰區其造象之最著者曰魏靈藏曰楊大眼曰始平公曰孫秋生共有十區名龍門十種其靈藏荒翳榛莽中而未見著錄者不知凡幾此杜文雍杜英儁杜零徽等十四人所造石像在禹州僅於上虞羅叔藴再續寰宇訪碑錄始見其目今觀墨拓文辭爾雅書法藴藉有致一洗板滯粗豪之習洵北碑中之錚錚者武下泐文當是定字東魏孝静帝改元武定史載八年而紀元甲子表斷以七年己巳爲止至庚午則紀北齊文宣之天保蓋文宣代東魏於庚午五月改元此二月正在絕續之際而都邑主猶造佛象上爲皇帝陛下諸邑七世父母一切有形作邀福計甚矣崇信佛教不獨梁世

為然也

杜照賢造象跋

右都邑主杜照賢維那杜慧進等十三人各竭家資敬造石像一區字有碁格分八行行十一字字體在真書八分之間而偶間一二小篆猶李仲璇脩孔子廟碑之例而筆法則不逮遠甚

杜文雍造象跋

右陽翟郡功曹杜文雍妻張息芃伯先慶安匡生合資一心侍佛下層鐫高王經一卷長樂作萇樂南無作南无文作罗无皆假借别體字也

杜照賢造象跋

右大都邑主殿中將杜縣令杜照賢至邑子褚鑾藻等十四人列上層所稱都維那都邑主邑中正邑子等字皆冠於結銜之上第二層左畫佛象右列北面上□象主討寇將軍奉朝請功

曹社景業母妻子女上顧七世生天現在安吉第三層左佛象右北面多寶象主驃驤將軍長社令汝陽太守江州刺史杜平鸞率妻息祈福四五兩層列邑子比丘門都等二十四人侍佛內有邑子杜文雍則此象當亦造於武定間也

西魏大統十四年造象跋

此石今藏秀水盛氏造者前郡五官王季前州都督薛祖□文詞古奧書法拙樸遠不及東魏武定間杜文雍諸石攷文帝於乙卯改元大統至十四年為戊辰而此刻作丙辰誤甚

東魏武定三年造象跋

自齊梁崇信佛教而魏亦因之洛陽伽藍之盛甲於寰宇琳宮梵剎到處皆有造象其最著者如魏靈藏楊大眼始平公孫秋生等共有十區名曰龍門十種其霾藏荒翳榛莽中者不知凡幾金石家未見拓本亦未著錄予嘗擬但訪造象專輯一書安

得如武定八年杜文雍造象之雍容爾雅百讀不厭至如北齊武平元年董洪達造象之怪誕西魏大統十四年王季造象之舛誤而都門李寶臺又善作僞以售其欺魚目混珠從何辨認欲作復軗者廑矣此釋迦象尚在國初出土南田草衣得拓本而題記之以為時方干戈擾攘民不聊生結語為邊地衆生普同成佛其祈福之心藹然見於言表惟武定三年歲次乙丑係東魏孝靜帝改元年號即梁大同之十一年也南田翁云宣武年號攷宣武帝建元景明後改正始永平延昌四元而外並無武定殆誤記耳鮑氏少筠摹刻金石屑中亦未改正不無疏陋質之並閣以為何如

隋大業十一年當陽縣鐵鑊題字跋

隋碑之傳世者如龍藏寺啟法寺元公墓誌書法秀整開虞歐之先聲至若吉金文字則大異石刻吉金多陽文即器而觀頗

具棱角一經拓出惟頂上一綫瘦硬可喜如大安寺赤烏香爐蓋有楊吳大和癸巳題識百餘字皆風格古雋一洗姿媚之習與此鏤銘相髣髴也予梅精於鑒賞當以予言為不謬

集二王書唐人詩石刻跋

古刻之淪於榛莽荒穢中者不知凡幾滇南爨龍顔碑兀立曠野四無遮蔽其材大運費艱也江西螺墩有鹺商行館壁嵌張樗寮書金剛經石刻今皆偃仆無人過問安得如小舫觀察之留心翰墨出重值購集二王書唐人詩石補其缺拓以壽世今藝林中稔知二王家法非特好古不倦而且需乎來學則此石之晦而復顯猶被褐之士忽膺蒲輪之聘也書以誌幸

張遷碑跋

咸豐辛酉避亂滬上沈均初同年介予乞胡鼻山人書宋搨張遷碑籤是冬川沙寇警均初逡書云藏弆珍玩盡皆散失惟張

邃碑无恙始終未經寓目爲憾也石潜吴兄出示此本楮墨精精古香盎然因憶舊事牽連書之費屺懷太史跋中有第一本第二本之品不知與寶董室所藏孰先孰後惜不令王文敏見之當有定論也乙巳孟陬

順濟龍王廟碑跋

此碑康熙間從甯州南門外河中起出遂移於黄文節公祠内光緒辛卯予權牧冢藍工精拓易實甫觀察携至長沙陳右銘中丞見之移予書曰此必坐上客爲之乞惠數紙於是又拓一次甲午再牧斯州則已爲黄菊秋刺史徙置南山崖築亭以貯之雜碑寸許徧樹鐵柵名爲護之實錮之也別刻一本以餉過客全失廬山真面而原石竟不能搨矣胡小筠大令謂予曰此碑能定風險身行携之最宜小筠甯州人年八十餘老成持重語非無因乙巳二月檢贈芝閣仁兄雅鑒

寒翠廬跋

扶疏一庭蕭森㕘蔚松耶竹耶歲寒之友也

顏魯公坐位帖跋

顏書坐位帖予藏有明搨陝本惜中間補湊四行未盡善也去冬見汪雨人先生藏本叔未翁有跋稱四五百年前物今觀似颿此冊為小鈍廢故物似椎拓更早絕無填損偽飾痕迹輒有訓對四字尚明是明拓之最精者也光緒丙午春二月

跋顏魯公多寶塔感應碑

錢竹汀云千福寺多寶塔感應碑康熙中碑石斷銘詞缺佛知見法為五字空王可託本願六字損歸我無空四字末行缺大夫行內侍趙思七字此本一一完好碑末列字宋時已缺諱審此拓尚存兩筆與臨川李氏靜娛室藏宋搨本斠讐似相伯仲惟李本略肥又與明初搨本相較則明搨更瘦以此考之當在

南宋及元時所拓無疑也邃闇公祖精於鑒古或不以余言爲河漢光緒丙午春三月

題丙舍宣示樂毅論冊

吾友劉蔚卿觀察文棨歿於蘇城其孤以戴鼇峰廣文所撰家傳乞書將鐫諸石並坿寄此帖三種作爲潤筆尚是明世所裱其襯紙悉用萬曆官冊則搨本之舊概可知已年久奪落因重爲裝池而志其緣起光緒丙午夏四月十七日

猶憶壬午之春自豫章乞假還里泛大江而東進舟徒口遇蔚卿於舟次因過船茗話自此以後遂不復見矣辛卯權德化金蘊青表弟持蔚卿遺照索題爲賦二絶句云長安市上驚相見謡詠紛紜苦累君幸有桑根書一紙大呼真宰埽浮雲蒓鱸歸興駕扁舟忽漫相逢古潤州蓬底匆匆留數語誰知此別竟千秋

魏研為朱叔純跋

魏文成帝以正平二年即位改元興安越二年又改興光實宋文帝元嘉之二十九三十兩年及孝武帝之孝建元年也孝建鑄四銖泉用小篆北朝製器亦用篆體崇時尚也叔純得此琢為藏硯想臨池之暇發思古之幽情必有新詠以紀遇合之奇者江天路迴將拭目俟之矣光緒丙午八月

跋塼塔銘硯

王居士塔銘風格遒峻學書者奉為圭臬明末出土道光辛巳沈味蔗先生宰郃陽從康氏搨數本以歸僅得五石即世所稱說磬本也此硯在上截想當破損時有檢而珍玩之改作硯材者又經吳穀人阜海帆方小東諸先生品定題識今此硯歸叔純世仁兄所得搨貽一帋屬為題記如斯瓌寶洵足為文房增色也開緘怪發欣賞無已

跋漢晉甎拓爲徐薈初作

道光間清儀老人所論古甎大半出於海鹽海濱如五鳳黄龍甘露蜀師之類不一而足迨同治間陸存齋徧搜古甓而湖郡之古塚咸遭發掘所得雖夥而忍心害理之事實足傷天地之和文人案頭偶置一二以供玩賞亦殊有致若萃墟墓間物築一亭以珍之號曰千甓甚無謂也薈初仁兄好古博覽集有漢晉甎拓爲武原馬氏傳巖山人起鳳課耕齋舊物楮墨精良似皆海濱所出與清儀老人所記相符合也出以見眎喜而書之

丙午秋九月

跋籟庵瓦當文拓

蔣生沐廣文别下齋儲藏金石文字最富嘗手拓秦漢瓦當文十五頁而誌以小印爲同里徐氏所珍藏者垂五十餘年矣薈初司馬博雅好古又得馬氏傳巖山人所拓瓦當一卷合而裝

之以成巨冊道光間新篁里王鉏園先生有專刻本近時毀有
編輯者蓉初稽古之餘若能詳攷宮殿名目證以年歲綴錄成
書亦藝林之快事也

跋小綠天盦硯拓

六舟上人往錫南屏行脚所至殘鐘賸碣悉搨其款識阮文達
公至以金石僧目之咸豐間退居海昌白馬寺嘗游禾中予在
涌澤寺中借得宋慶元甓示之以文淺不能拓出所拓千歲圖
二十四氣圖見示陰陽向背一絲不紊洵名作也蓉初仁兄得
其所拓硯銘自宋迄我乾隆間共得五十八方又益以吳槎客
先生拜經樓藏硯拓本十餘方合而裝之足供文房清玩丙午
秋九月

跋散氏盤拓本

右散氏銅盤銘釋文係王蘭泉先生參采孔廣森吳玉搢樊明

徽汪肇龍江德量諸家之說而折衷者也吳西林先生另有一
釋則裁翦原文聯絡意義猶歸熙甫之考定武成而文亦小異
是器已入內府人間搨本稀如星鳳遂閣先生精於鑒古得此
舊拓屬寫釋文並記墨緣光緒丁未夏六月八日

周虢叔大棽鐘拓本跋

是鐘舊為孫淵如觀察所藏後歸吳山尊學士張叔未解元蔣
生沐廣文此係蔣氏別下齋拓本今鐘歸沈仲復制軍而拓本
亦稀如星鳳矣蓉初出眎為識數語以詡眼福光緒丁未冬十
月

刁奉國墓碑跋

此碑未見著錄錢竹汀先生跋其墓誌云遵有子十三人誌惟
云小子愻等不及諸昆弟之名蓋遵沒時整兄揩尚俱已先卒
古人文字之質而簡如此今碑中第紹奉□第四第戩奉□第

五弟融第六弟肅奉誠第三子慹第四子棖適足以補墓誌之闕亦可證楷尚之前卒也此拓為沈鄭齋同年舊藏今歸匋盧紙墨未渝更可寶玩光緒丁未冬十月

書畫跋

跋翁覃谿字卷

覃谿先生書名滿海内其得力於歐陽率更爲多此卷略帶行艸而結構謹嚴入後尤見精采所謂渴潤兼出一任天行洵蘇齋得意書也伯謙先生出以見眎琱綴數言以誌眼福光緒戊戌夏四月

跋何子貞先生小楷冊

蝯叟先生書名滿天下其小楷真蹟尤罕見錢唐吴春農嘗出示其祖徵客先生紈扇一握愛莫能釋今觀此冊若合符節蓋皆作於道光中葉乃盛年得意書也晚歲客吴門予亦橐筆戎

幕與其嗣君伯源孝廉游伯源書得家學略亞先生先生與酣落筆揮灑淋漓屏幛楹聯所見甚夥類皆老筆紛披細筋入骨欲求如此冊之蒼秀遒媚不可得矣滂伯得此何異隋珠和璧宜珍弆之勿輕視人致遭酒具之污耳光緒戊戌六月新秋

跋戴文節山水冊

戴文節公以文學侍從之人供奉南齋夙嫻六法嘗自比郭河陽徐崇嗣至其山水之蒼秀超妙具見於所著畫絮中晚年家居惟以筆墨自娛庚申劫後真蹟日尠寸縑尺楮人皆珍如拱璧與武進湯貞愍公同為藝林所重昔歲甲午日人不靖受萌太守馳赴畿輔司東征糧臺於樂亭劉氏購得此冊後有名人題跋甚夥劉氏以先世珍藏有名號在内割而不與惜哉然文節真蹟為有目所共賞固不係題跋為輕重也予與文節公季子同鄉廣文訂金石交悉其家中亦乏儲藏此冊洵可寶貴太

守其慎弃之光緒二十五年夏五月獲觀於豫章

跋管夫人禪葉冊

吳道子畫觀世音象貫休畫阿羅漢象流傳至今尚存一二此冊用白描作菩提象於貝多葉上緊勁聯縣細入豪髮原題管夫人禪葉圖而無款識印章是否出於鷗波之手果未可知但見其氣韻生動裝束嚴整循環超忽意存筆先斷非近代時賢所能髣髴也受萌太守出以見眎敬綴數語以誌眼福光緒己亥五月

跋楊濠叟書說文部目

五百四十部目爲說文綱領治鄦書者皆由此入手也濠叟篆籀之學出入獵碣而運以己意一洗癡肥之習此冊尤爲用意之作屋滋將摹勒上石以垂永久喜而記此光緒己亥夏五月

跋王石谷畫卷

石谷聰穎絶倫下筆天機迅露而又虚心好學以廉州煙客二公爲導師宜其畫名獨有千古雖惲南田之逸趣横生亦當斂衽下拜也此卷作於康熙甲寅係盛年所製林木巒岫疏秀輿朗所謂以元人筆墨運宋人邱壑伯謙先生精於鑒古當以予言爲不謬光緒乙亥夏五月將之鄱陽倚装記

跋沈蒙叔集塼塔銘聯長卷

璉軒同年嘗集石鼓文繹山碑碣石頌開母少室兩闕天發神讖碑字成小種字林篆書楹聯四種傳播藝林久已膾炙人口昔年又與蒙叔同年賠集王居士塼塔銘得二百聯名運甓編刊以行世蒙叔亦得四十餘聯郵筒如織好語穿珠亦一時雅興也蒙叔旋歸道山璉軒感愴人琴檢其遺墨裝池見示因書數語不勝山陽鄰笛之悲也光緒辛丑花朝

跋摩兜堅室

此古之慎言人也今者邪說橫議日出不窮獨不聞程子之箴乎人心之動因言以宣發禁躁妄內斯靜專矧是樞機興戎出好吉凶榮辱惟其所召傷易則誕傷煩則支己肆物忤出悖來違非法不道欽哉訓辭少梅仁兄持躬謙遜出言有章新居落成屬書斯額益見三緘自勵其進德何可量耶光緒辛丑夏六月

跋文待詔楷書

停雲館法帖每卷之尾均有衡山小楷跋語余幼時最喜臨仿昔年門下士鄒殿書觀察貽予九成宮圖一幀上有衡山臨歐陽率更醴泉銘作於嘉靖戊午蓋已八十九歲矣今伯謙以此卷見示雖與停雲帖跋微有不同而與醴泉銘絲豪無異蓋晚年之作其蒼勁秀潤遠勝於早歲也可寶可寶光緒甲辰春二月

跋趙文敏書

蘇州半塘橋龍壽山房有元僧繼善血書華嚴經八十一卷後有宋文憲題跋一葉小楷秀潤可寶此卷雖署名文敏而與跋語似出一手鄙意疑文憲臨趙之作而跋中漏未明言文憲在明初文章事業彪炳史冊即目為文憲臨趙之作亦可何必斷斷於魏公也伯謙解人當以予言為不謬光緒甲辰春二月

跋鮮于伯機帖

鮮于樞字伯機號困學齋元季大家予於錢唐吳氏見其徑二寸大楷冊兩本魄力沈雄實出松雪之右張青父清河書畫舫獨遺佚不載何耶

跋雅宜山人帖

王寵字履吉號雅宜山人書名亞於祝希哲與衡山子畏相伯仲也

跋松圓居士帖

嘉定程嘉燧字孟陽號松圓居士工詩虞山尚書賞其瓜步江空微有樹秣陵天遠不宜秋一聯膾炙人口此二律書于嘉禾道中足為歙鄉掌故

跋董華亭帖

孫虔禮書譜流傳者以安刻為佳是能神明於二王家法而自出機杼較之長史素師迥不侔矣思翁此論極確永為定評

跋龔定山帖

合肥龔鼎孳芝麓著有定山堂集與虞山尚書梅村祭酒稱江左三家此簡與冒巢民書法秀逸飄忽語亦雅飭惜未坿近作耳

跋王良常帖

金壇王澍字虛舟康熙間進士書入能品右臨古帖數種俱與

原本相吻合出入魏晋揮灑自如不得以尋常書史目之矣

跋湯貞愍公帖

武進湯貞愍公晚居金陵獅子窟築琴隱園以書畫詩詞相娛樂此札不過隨意酬答而文章風槩足以輝映一時也

跋曾文正公帖

祁文端公喜書箴言曾文正公亦爲筱舫觀察書是亦束身圭璧意也

跋許竹篔侍郎詩卷

竹道人者前吏部左侍郎竹篔許公景澄也庚申之亂移家秀水之南匯與沈華農茂才訂杵臼交偶有吟詠錄箋商榷是歲予佐廬江劉仲良制軍師統兵收復郡城次年泰興吳和甫侍郎師按臨禾中拔予貢成均與竹篔鏖戰文場頗相契合越歲丁卯竹篔舉鄉闈連捷成進士入詞林適予廷試報罷同舟南

下涼秋薦爽重洋不波賭酒紋詩極酣嬉淋漓之樂嗣後出使泰西敭歷清要予以薄宦羈滯豫章偶爾合并蹤迹疏濶庚子榷稅鄱陽湖上聞公不直拳匪致罹權奸矯旨擅殺之禍因功罪未定不敢昌言哀輓作詠史詩十章哭之辛丑迎公喪於滬上詢及箸述盡付劫灰則此十二詩實威鳳之一羽華袞亦歸道山哲嗣良哉表阮能讀父書其善寶之留為禾中掌故可也光緒甲辰秋七月二十四日張鳴珂題於秋涇老圃時年七十有六

朱夢廬畫跋

吾鄉張子祥文宗南田錢橋庵丈師白陽周存伯渾厚似復堂及夢廬出則奇仿新羅而畫學為之一變今扈上頗能效之終未能得其蒼峭之致耳

陶飴孫畫跋

予喜誦杜牧之閒愛孤雲靜愛僧句擬鎸一小印今觀飴孫爲曉樓采陸魯望厭泉聲鬧笑雲忙七言寫作畫幅覺澹忘世慮更進一層矣佩服光緒丙午春二月

跋魏槃仲極帖

郃陽魏槃仲刺史工分書辦香秋盦完白蒼峭堅卓不落恒蹊嘗同客李質堂軍門幕垂八年昕夕晤對談藝甚樂今貞度世二兄出此見貽故人宿草良用憮然而紀羣之交復見今日則又轉悲爲喜耳丙午四月

寒鐙授傳圖跋

光緒乙巳冬課姬人定芬讀左氏傳至僖公二十年夏鄭公子士洩堵寇帥師入滑杜注公子士鄭文公子洩堵寇鄭大夫二十四年鄭公子士洩堵俞彌帥師伐滑杜注堵俞彌鄭大夫姬謂杜注兩歧當以洩字屬下讀及攷宣公三年傳鄭文公又娶

于江生公子士朝于楚楚人酖之則洩字自宜屬下而姬人之會心遠矣爰繪寒鐙授傳圖以誌一時清興云爾

跋李今生女史畫卷

李今生女史為前明葛無奇侍御侍姬工畫花卉筆致挺秀神似白陽黄梨洲先生為之作傳其見重於藝林可想見也葛氏在海昌淳塘之南今名郭溪代有聞人如淳南明經喜畫山水工篆刻嗜古泉與張叔未先生相友善問原居士工六法所作設色花卉娟秀鮮媚與翁小海相伯仲至同治間其石畱山館遭祝融之厄儲藏金石書畫悉付劫灰此卷易弆別屋幸未燬燼亦若有吉祥雲為之擁護焉蓉初仁兄得之喜名蹟之未湮而鄉邦文獻有足資攷訂者屬予記之以誌墨緣

跋翁小海花卉卷

吴江翁小海先生能詩工畫别下齋刻其小小蓬海遺詩一卷

風華掩映多題畫之作其畫瓣香南田生香活色秀雅絕倫偶綴草蟲一二尤生動有致此卷亦葛氏石宮山館舊物而爲蓉初司馬所收得者惜押角一印不知爲何人所鈐蓋白璧微瑕令人懊恨丙午九月

跋仙桂新枝圖

光緒丙午秋九月過文氏三斗銷齋子康表弟出示舊題仙桂新枝圖屈指已三十年矣回憶丙子丁丑間與魏槃仲刺史同客江南提督李軍門幕中商榷文字意氣甚壯槃仲爲默深先生猶子家學淵源少予五歲後僅一宰新陽即悲宿草今其嗣君蕃賓觀察由副貢生舉經濟特科需次楚北曾辦江南製造總局次君翦度克咸二人連翩鵲起其詒謀遠矣卷中彭太守許侍郎錢尚書先後凋謝惟予與倉石大令及子康白頭無恙憶舊愴懷更閱數十年而後之覽者不免有姓氏翳如之慨子

廣屬詳書之以備遺忘予廣名惟清秀水諸生小麓其舊號也

跋馬訒庵先生墓志後

盥讀數四大節凜然憶戊辰己巳間編校浙江忠義錄惜未見是文未經錄入既稱同治五年請卹則外郡各表與許太守所脩府志中當必不漏架上無此二書無從稽攷聽彝能傳范硯他日重脩縣志時當錄此篇呈諸總纂俾附入志中以廣簡冊勿忘也光緒丁未春正月

跋葛友生臨褚聖教序

褚河南書以孟法師碑爲最謹嚴筆力堅凝有來帶矜莊氣象他若聖教序則風流倜儻一波三折非得其神似者所能摹寫也道光間錢唐高爽泉先生臨登善書一時推爲名手今觀友笙先生此冊斂肉於骨恣態橫生是能深入河南之室而揮灑間無一懈筆惜爽泉往矣不得尋其遺墨而印證之也竊恐後

來居上有過之無不及也書此以誌欽佩光緒丁未春三月

跋張叔未先生尺牘

吾家叔未翁金石文章照耀海內即零星小簡亦必詳志歲月鈐用名印此三十八通裝成二十四頁乃秀水朱夢泉丈舊物今為其甥姚叔康所珍藏者也內有秋泉款一札暨論詩一札均致于華伯茂才茂才名源字秋泉後更字辛伯工詩著有一粟廬稿鐙窗瑣話柳隱叢譚等書札中餘三姓岳名鴻慶能詩約同人舉鴛水聯唫詩社者也墨林姓徐皆與夢泉丈同時交好予年二十餘即識夢泉丈丈工畫花卉筆力遒勁神似白陽人亦倜儻愛交游所居嘉樹堂中賓客恒滿庚申後避兵滬上猶得時時握手惜無後叔康為之掇拾叢殘祭掃墳墓清明近矣一盂麥飯幸免餒而悲夫光緒三十有三年丁未春三月花朝張鳴珂誌於秋涇時年七十有九

跋朱夢廬畫卷

昔張浦山先生著畫徵錄後吾鄉士夫留心六法者代不乏人道光間錢曉廷文宗白陽張子祥文宗南田朱夢泉文宗新羅一時稱極盛焉夢廬朱君稍晚出實能兼三家之勝而奄有衆長又工翎毛與王秋言相伯仲僑寓滬瀆乞畫者日不暇給晚年更號覺未而畫境益高相率從游者皆得其師承書玉年世講覺未之弟子也遠道相訪作畫數幅爲贈屬題此卷回溯吾鄉擅畫諸先生予皆親炙其丰采備聆其緒論今皆不可作矣後有續畫徵錄者當不河漢斯言也夫光緒丁未夏四月上旬

寒松張鳴珂時年七十有九

跋劉文清公臨蘇帖

石庵相國書學鍾太傅縝密渾厚與蘇長公爲近此冊所臨蘇帖筆筆中鋒得其神似非吳曇繡舒鐵雲輩所能摹髣也展閲

數過欽佩無已光緒丁未秋八月

跋安溪吴遇安山水冊

二十年前見華秋岳山水冊於福安李氏深秀靜穆世罕其匹茲得觀安溪吴遇安畫冊八頁其靜逸之氣與秋岳同而題欵稍遜黄瘿瓢世所傳者皆亂頭麤服予曾見其真蹟七頁風裳水佩超逸不羣今歸涇縣朱氏洵乎八閩之多名手也光緒丁未秋八月

趙撝叔書定庵文卷跋

此撝叔三十八歲作也曹文不滿於鄉里撝叔獨昵之至杭必主其家留墨最多自閩獲得此卷以予與兩公皆至契屬為題記撝叔官豫章時其詣益進曹文著有石屋文字猶憶定庵先生贈曹文楹帖云武斷鄉曲文采風流足以想見其人矣光緒丁未冬十月

右寒松閣題跋七十九首清嘉興張鳴珂著鳴珂字玉珊一字公束晚號窳翁咸豐辛酉拔貢歷官義寧知州著有說文佚字考四卷疑年賡錄二卷寒松閣詩八卷駢文一卷詞四卷生前已自刊行晚著談藝瑣錄六卷則歿後數年始付梨棗往歲余見寒松閣遺稿於邑中黃氏得詩文詞十數冊皆其手筆校已刊集本所刪存不逮十五散文及壽言並皆未刊豈當時絀於財力未盡付梓抑虛懷不欲問世遂致飄零易姓良可慨已夫攷公束之學以詩詞儷體爲工詩宗竹垞秋錦詞溯玉田石帚而承教於韻珊黃氏駢文取材楊駱猶循規唐人家法旁及攷據之能事不詭不陂足資後人圭臬此稿多晚年之作其考鏡金石書畫見解確鑿不爲泛辭閒涉懷舊感時有風人之思焉爰據稿本錄副授諸墨版以廣其傳庶繼談藝瑣錄先後並垂不朽矣民國三十二年二月

吴縣潘承弼謹跋